最新法律文件解读丛书

商事法律文件解读

总第162辑(2018.6)

最新法律文件解读丛书编选组　编

人民法院出版社

图书在版编目(CIP)数据

商事法律文件解读．总第162辑/最新法律文件解读丛书编选组编．—北京:人民法院出版社,2018.10
(最新法律文件解读丛书)
ISBN 978-7-5109-2229-9

Ⅰ.①商…　Ⅱ.①最…　Ⅲ.①商法—法律解释—中国
Ⅳ.①D923.995

中国版本图书馆CIP数据核字(2018)第188238号

商事法律文件解读．总第162辑
最新法律文件解读丛书编选组　编

责任编辑　路建华
出版发行　人民法院出版社
地　　址　北京市东城区东交民巷27号　邮编　100745
电　　话　(010)67550660(责任编辑)　67550558(发行部查询)
　　　　　65223677(读者服务部)
客服QQ　2092078039
网　　址　http://www.courtbook.com.cn
E-mail　courtbook@sina.com
印　　刷　三河市国英印务有限公司
经　　销　新华书店
开　　本　787×1092毫米　1/16
字　　数　140千字
印　　张　8
版　　次　2018年10月第1版　　2018年10月第1次印刷
书　　号　ISBN 978-7-5109-2229-9
定　　价　22.00元

卷首语

为贯彻落实党中央、国务院关于推进互利共赢开放战略的决策部署，更好发挥进口对满足人民群众消费升级需求、加快体制机制创新、推动经济结构升级、提高国际竞争力等方面的积极作用，在稳定出口的同时进一步扩大进口，促进对外贸易平衡发展，推动经济高质量发展，维护自由贸易，国务院办公厅于2018年7月2日转发了商务部等部门制定的《关于扩大进口促进对外贸易平衡发展的意见》（以下简称《意见》）。本辑刊登了《意见》和《商务部外贸司负责人就〈关于扩大进口促进对外贸易平衡发展的意见〉进行解读》。

2018年3月4日，最高人民法院印发了《全国法院破产审判工作会议纪要》（法〔2018〕53号，以下简称《会议纪要》），明确了当前和今后一个时期我国破产审判工作的总体要求，对破产审判专业化建设、管理人制度的完善、破产重整、破产清算、关联企业破产、执行程序与破产程序的衔接、破产信息化建设、跨境破产等重大疑难问题进行研究，并提供了解决路径和方法。为正确理解和适用《会议纪要》，本辑刊登了《会议纪要》理解与适用文章。

在“新类型疑难案例选评”本辑刊登了《应某通诉纽海电子商务（上海）有限公司网络购物合同纠纷管辖权异议案》，阐明消费者、经营者、网络交易平台提供者之间存在各自独立的不同法律关系，但三者因网络购物引发的纠纷一般可以在一案中合并诉讼，且应当按《最高人民法院关于适用〈中华人民共和国民事诉讼法〉的解释》第二十条规定确定管辖权，而不受网络交易平台提供者和用户之间的服务协议中关于管辖条款的约束。

《最新法律文件解读》丛书
编 辑 部

范春雪　（010）67550525

姜　峤　（010）67550573

丁丽娜　（010）67550608

张　奎　（010）67550673

路建华　（010）67550660

执行编辑　路建华

邮　　箱　shangshijiedu@126. com

目录

[行政法规、法规性文件与解读]

国务院办公厅

转发商务部等部门关于扩大进口促进对外贸易平衡发展意见的通知

2018年7月2日　　国办发〔2018〕53号

各省、自治区、直辖市人民政府，国务院各部委、各直属机构：

商务部、外交部、发展改革委、工业和信息化部、财政部、生态环境部、交通运输部、农业农村部、文化和旅游部、卫生健康委、人民银行、海关总署、税务总局、市场监管总局、国际发展合作署、能源局、林草局、外汇局、药监局、知识产权局《关于扩大进口促进对外贸易平衡发展的意见》已经国务院同意，现转发给你们，请认真贯彻执行。

商务部　外交部　发展改革委　工业和信息化部
财政部　生态环境部　交通运输部　农业农村部
文化和旅游部　卫生健康委　人民银行　海关总署
税务总局　市场监管总局　国际发展合作署　能源局
林草局　外汇局　药监局　知识产权局

关于扩大进口促进对外贸易平衡发展的意见

为贯彻落实党中央、国务院关于推进互利共赢开放战略的决策部署，更好发挥进口对满足人民群众消费升级需求、加快体制机制创新、推动经济结构升级、提高国际竞争力等方面的积极作用，在稳定出口的同时进一步扩大进口，促进对外贸易平衡发展，推动经济高质量发展，维护自由贸易，现提出以下意见：

一、总体要求

（一）指导思想。全面贯彻党的十九大精神，以习近平新时代中国特色社会主义思想为指导，统筹推进“五位一体”总体布局和协调推进“四个全面”战略布局，坚持稳中求进工作总基调，牢固树立新发展理念，坚持以供给侧结构性改革为主线，以“一带一路”建设为统领，以提高发展质量和效益为中心，统筹国内国际两个市场两种资源，加快实施创新驱动发展战略，在稳定出口的同时，主动扩大进口，促进国内供给体系质量提升，满足人民群众消费升级需求，实现优进优出，促进对外贸易平衡发展。

（二）基本原则。

一是坚持深化改革创新。深化体制机制改革，营造创新发展环境，以制度、模式、业态、服务创新提高贸易便利化水平，以扩大进口增强对外贸易持续发展动力。

二是坚持进口出口并重。在稳定出口国际市场份额的基础上，充分发挥进口对提升消费、调整结构、发展经济、扩大开放的重要作用，推动进口与出口平衡发展。

三是坚持统筹规划发展。坚持内外需协调、内外贸结合，推动货物贸易与服务贸易、利用外资、对外投资、对外援助互动协同发展，遵循市场化原则，内外资一视同仁，促进经常项目收支平衡。

四是坚持互利共赢战略。将扩大进口与推进“一带一路”建设、加快实施自贸区战略紧密结合，增加自相关国家和地区进口，扩大利益融合，共同推动开放型世界经济发展。

二、优化进口结构促进生产消费升级

（三）支持关系民生的产品进口。适应消费升级和供给提质需要，支持与人民生活密切相关的日用消费品、医药和康复、养老护理等设备进口。落实降低部分商品进口税率措施，减少中间流通环节，清理不合理加价，切实提高人民生活水平。完善免税店政策，扩大免税品进口。（商务部、发展改革委、工业和信息化部、财政部、农业农村部、文化和旅游部、卫生健康委、海关总署、税务总局、市场监管总局、外汇局、药监局等按职责分工负责）

（四）积极发展服务贸易。调整《鼓励进口服务目录》。加快服务贸易创新发展，大力发展新兴服务贸易，促进建筑设计、商贸物流、咨询服务、研发设计、节能环保、环境服务等生产性服务进口。（商务部、发展改革委、工业和信息化部、生态环境部、交通运输部、卫生健康委、人民银行、海关总署、外汇局等按职责分工负责）

（五）增加有助于转型发展的技术装备进口。结合国内产业发展情况确定进口重点领域，充分发挥《鼓励进口技术和产品目录》的作用，支持国内产业转型升级需要的技术、设备及零部件进口，促进引进消化吸收再创新。优化鼓励进口的成套设备检验模式。（发展改革委、工业和信息化部、财政部、生态环境部、商务部、海关总署、能源局等按职责分工负责）

（六）增加农产品、资源性产品进口。配合国内农业供给侧改革和结构调整总体布局，适度增加国内紧缺农产品和有利于提升农业竞争力的农资、农机等产品进口。加快与有关国家签订农产品检验检疫准入议定书，推动重要食品农产品检验检疫准入。鼓励国内有需求的资源性产品进口。（农业农村部、发展改革委、财政部、商务部、海关总署、市场监管总局、能源局等按职责分工负责）

三、优化国际市场布局

（七）加强“一带一路”国际合作。充分发挥多双边经贸合作机制的作用，将“一带一路”相关国家作为重点开拓的进口来源地，加强战略对接，适度增加适应国内消费升级需求的特色优质产品进口，扩大贸易规模。（商务部、发展改革委、外交部、工业和信息化部、农业农村部、海关总署、市场监管总局、能源局等按职责分工负责）

（八）加快实施自贸区战略。继续维护多边贸易体制，坚定不移支持全球贸易自由化。积极推进与有关国家和地区的自贸区谈判，加快建设立足周边、辐射“一带一路”、面向全球的高标准自贸区网络。引导企业充分利用自贸协定优惠安排，积极扩大进口。加大促贸援助力度。（商务部、发展改革委、财政部、工业和信息化部、农业农村部、海关总署、税务总局、市场监管总局、

国际发展合作署等按职责分工负责）

（九）落实自最不发达国家进口货物及服务优惠安排。继续落实有关给予同我建交最不发达国家97%税目输华产品零关税待遇的承诺。继续在世界贸易组织框架下给予最不发达国家服务贸易市场准入优惠措施。在南南合作框架下，向最不发达国家提供援助。（财政部、外交部、发展改革委、商务部、国际发展合作署等按职责分工负责）

四、积极发挥多渠道促进作用

（十）办好中国国际进口博览会。坚持政府引导、市场运作、企业化经营，努力把中国国际进口博览会打造成为世界各国展示国家发展成就、开展国际贸易的开放型合作平台，推进“一带一路”建设、推动经济全球化的国际公共产品，践行新发展理念、推动新一轮高水平对外开放的标志性工程。（商务部牵头负责）

（十一）持续发挥外资对扩大进口的推动作用。完善外商投资相关管理体制，优化境内投资环境。积极引导外资投向战略性新兴产业、高技术产业、节能环保领域，进一步发挥外资在引进先进技术、管理经验和优化进口结构等方面的作用。促进加工贸易转型升级和向中西部地区转移。（商务部、发展改革委、工业和信息化部、财政部、生态环境部、人民银行、海关总署、税务总局、外汇局等按职责分工负责）

（十二）推动对外贸易与对外投资有效互动。加快推进签订高水平的投资协定，提高对外投资便利化水平。深化国际能源资源开发、农林业等领域的合作，推动境外经贸合作区建设，带动相关产品进口。（商务部、发展改革委、农业农村部、能源局、林草局等按职责分工负责）

（十三）创新进口贸易方式。加快出台跨境电子商务零售进口过渡期后监管具体方案，统筹调整跨境电子商务零售进口正面清单。加快复制推广跨境电子商务综合试验区成熟经验做法，研究扩大试点范围。加快推进汽车平行进口试点。积极推进维修、研发设计、再制造业务试点工作。支持边境贸易发展。（商务部、发展改革委、工业和信息化部、财政部、生态环境部、人民银行、海关总署、税务总局、市场监管总局等按职责分工负责）

五、改善贸易自由化便利化条件

（十四）大力培育进口促进平台。充分依托海关特殊监管区域、高新技术产业开发区等各类区域，不断推进监管创新、服务创新，培育形成一批进口贸易特色明显、贸易便利化措施完善、示范带动作用突出的国家进口贸易促进创新示范区。（商务部、海关总署、税务总局、市场监管总局等按职责分工负责）

（十五）优化进口通关流程。加快实施世界贸易组织《贸易便利化协定》，推进全国通关一体化改革，打造具有国际先进水平的国际贸易“单一窗口”。推进海关预裁定制度，开展海关“经认证的经营者”（AEO）国际互认，推动检测报告和认证证书的国际互认，提高进口贸易便利化水平。（商务部、工业和信息化部、农业农村部、海关总署、市场监管总局等按职责分工负责）

（十六）降低进口环节制度性成本。进一步规范进口非关税措施，健全完善技术性贸易措施体系。加强进口行政审批取消或下放后的监管体系建设。落实国家对企业减税降费政策，严格执行收费项目公示制度，清理进口环节不合理收费。（发展改革委、财政部、交通运输部、商务部、海关总署、税务总局、市场监管总局等按职责分工负责）

（十七）加快改善国内营商环境。加强外贸诚信体系建设和知识产权保护，维护公平竞争。推进以缺陷进口消费品召回体系为核心的进口消费品质量追溯体系建设，建立和完善进口消费质量安全投诉平台。严厉打击假冒伪劣商品，规范和完善国内市场秩序。（商务部、发展改革委、工业和信息化部、农业农村部、海关总署、市场监管总局、知识产权局等按职责分工负责）

各地区、各部门要高度重视新形势下扩大进口工作，根据本意见，按照职责分工，明确责任，抓紧制订出台具体政策措施，推进政策落实。商务部要切实发挥牵头作用，加强指导，督促检查，确保各项政策措施落实到位。

商务部外贸司负责人就《关于扩大进口促进对外贸易平衡发展的意见》进行解读

2018年7月9日，国务院办公厅下发通知，转发商务部等部门《关于扩大进口促进对外贸易平衡发展的意见》（以下简称《意见》）。近日，商务部外贸司负责人就《意见》进行了解读。

一、《意见》出台的背景是什么？

改革开放以来，我国对外贸易取得重大成就，已经连续9年保持全球货物贸易第一大出口国和第二大进口国地位。2001年到2017年，中国的货物进口平均年增速达13.5%，是世界进口增长速度的两倍，为全球经济发展作出了重要贡献。

当前，国际政治经济格局深刻调整，我国对外贸易结构深刻变化。主动扩大进口有利于统筹国内国际两个大局，促进对外贸易平衡发展，对优化产业结构、促进经济发展、满足人民美好生活需要具有十分重要的作用，是推动经济高质量发展的内在需要，是坚持互利共赢开放战略、推动形成全面开放新格局的必然要求。

党中央、国务院高度重视扩大进口工作。今年4月，习近平总书记在博鳌亚洲论坛年会开幕式上对外宣布，中国将主动扩大进口，促进经常项目收支平衡，努力增加人民群众需求比较集中的特色优势产品进口。李克强总理在今年《政府工作报告》中强调，要积极扩大进口，下调汽车、部分日用消费品等进口关税，促进产业升级和贸易平衡发展。商务部会同发展改革委、财政部等20个部门，深入基层实地调研，开展全国范围内的企业问卷调查，在此基础上研究提出政策建议，起草形成了《意见》，报国务院同意并转发。

二、《意见》的指导思想和基本原则是什么？

《意见》的指导思想是：全面贯彻党的十九大精神，以习近平新时代中国特色社会主义思想为指导，统筹推进“五位一体”总体布局和协调推进“四个全面”战略布局，坚持稳中求进工作总基调，牢固树立新发展理念，坚持以供给侧结构性改革为主线，以“一带一路”建设为统领，以提高发展质量和效益为中心，统筹国内国际两个市场两种资源，加快实施创新驱动发展战略，在稳定出口的同时，主动扩大进口，促进国内供给体系质量提升，满足人民群众消费升级需求，实现优进优出，促进对外贸易平衡发展。

《意见》的基本原则是：一是坚持深化改革创新，深化体制机制改革，营造创新发展环境，以制度、模式、业态、服务创新提高贸易便利化水平。二是坚持进口出口并重，在稳定出口国际市场份额的基础上，充分发挥进口对提升消费、调整结构、发展经济、扩大开放的重要作用。三是坚持统筹规划发展，坚持内外需协调、内外贸结合，推动货物贸易与服务贸易、利用外资、对外投资、对外援助互动协同发展。四是坚持互利共赢战略，将扩大进口与推进“一带一路”建设、加快实施自贸区战略紧密结合，共同推动开放型世界经济发展。

三、《意见》的主要政策有哪些？

《意见》聚焦进口环节突出困难和问题，立足于优化进口结构、优化国际市场布局、积极发挥多渠道促进作用、改善贸易自由化便利化条件，提出了涵盖四个方面的 15 条具体政策，包括：

（一）优化进口结构促进生产消费升级。包括支持关系民生的产品进口、积极发展服务贸易、增加有助于转型发展的技术装备进口、增加农产品、资源性产品进口四条政策。《意见》强调，适应消费升级和供给提质需要，支持人民生活密切相关的日用消费品、医药和康复、养老护理等设备进口。2015 年以来，为满足居民消费升级需求，经国务院批准，我国已 4 次降低日用消费品进口关税；2018 年又先后降低汽车、药品和部分日用消费品进口关税。将继续落实降低部分商品进口税率措施，减少中间流通环节，清理不合理加价，切实提高人民生活水平。

（二）优化国际市场布局。包括加强"一带一路"国际合作、加快实施自贸区战略、落实自最不发达国家进口货物及服务优惠安排三条政策。《意见》指出，充分发挥多双边经贸合作机制的作用，将"一带一路"相关国家作为重点开拓的进口来源地。积极推进与有关国家和地区的自贸区谈判，加快建设立足周边、辐射"一带一路"、面向全球的高标准自贸区网络。继续落实有关给予同我建交最不发达国家97%税目输华产品零关税待遇的承诺。2018 年1—5 月，我国自"一带一路"沿线国家进口 1. 1 万亿元人民币，增长 15. 1%，高于进口整体增速 3. 4 个百分点。目前，我国已与 24 个国家和地区签署了 16 个自由贸易协定，自贸伙伴覆盖亚洲、欧洲、美洲和大洋洲。截至 2017 年底，我国共向 37 个最不发达国家提供 97% 税目输华产品零关税优惠待遇，2015 年至 2017 年我国自最不发达国家进口享惠货值共计约 40 亿美元。

（三）积极发挥多渠道促进作用。包括办好中国国际进口博览会、持续发挥外资对扩大进口的推动作用、推动对外贸易与对外投资有效互动、创新进口贸易方式四条政策。首届中国国际进口博览会将于 2018 年 11 月举办，将成为各国开展国际贸易的开放型合作平台。《意见》还强调，完善外商投资相关管理体制，优化境内投资环境。加快推进签订高水平的投资协定，提高对外投资便利化水平。加快复制推广跨境电子商务综合试验区成熟经验做法，加快推进汽车平行进口试点。

（四）改善贸易自由化便利化条件。包括大力培育进口促进平台、优化进口通关流程、降低进口环节制度性成本、加快改善国内营商环境四条政策。《意见》指出，要培育形成一批示范带动作用突出的国家进口贸易促进创新示范区。提高进口贸易便利化水平，降低进口环节制度性成本，清理进口环节不合理收费。加强外贸诚信体系建设和知识产权保护，推进以缺陷进口消费品召回体系为核心的进口消费品质量追溯体系建设，严厉打击假冒伪劣商品，规范和完善国内市场秩序。

来源：商务部网站

中共中央　国务院

关于完善国有金融资本管理的指导意见

（2018年6月30日）

国有金融资本是推进国家现代化、维护国家金融安全的重要保障，是我们党和国家事业发展的重要物质基础和政治基础。国有金融机构是服务实体经济、防控金融风险、深化金融改革的重要支柱，是促进经济和金融良性循环健康发展的重要力量。近年来，我国国有金融资本规模稳步增长，实力日益壮大，管理体制机制不断健全，国有金融机构改革持续推进，运营效益明显提升，为促进社会主义市场经济平稳健康发展作出了重要贡献。但也要看到，当前国有金融资本管理还存在职责分散、权责不明、授权不清、布局不优，以及配置效率有待提高、法治建设不到位等矛盾和问题，需要进一步完善国有金融资本体制机制，优化管理制度。面向未来，在决胜全面建成小康社会、实现社会主义现代化和中华民族伟大复兴的进程中，要认真贯彻落实党中央、国务院决策部署，按照全国金融工作会议要求，继续发挥国有金融资本的重要作用，依法依规管住管好用好、坚定不移做强做优做大国有金融资本，不断增强国有经济的活力、控制力、影响力和抗风险能力。现就完善国有金融资本管理提出如下意见。

一、总体要求

（一）指导思想。高举中国特色社会主义伟大旗帜，以习近平新时代中国特色社会主义思想为指导，全面贯彻党的十九大和全国金融工作会议精神，坚持和完善社会主义基本经济制度，以依法保护各类产权为前提，以提高国有金融资本效益和国有金融机构活力、竞争力和可持续发展能力为中心，以尊重市场经济规律和企业发展规律为原则，以服务实体经济、防控金融风险、深化金融改革为导向，统筹国有金融资本战略布局，完善国有金融资本管理体制，优化国有金融资本管理制度，促进国有金融机构持续健康经营，为推动金融治理体系和治理能力现代化，保障国家金融安全，促进经济社会持续健康发展提供强大支撑。

（二）基本原则

——坚持服务大局。毫不动摇地巩固和发展公有制经济，保持国有金融资本在金融领域的主导地位，保持国家对重点金融机构的控制力，更好服务于我国社会主义市场经济的发展。

——坚持统一管理。通过法治思维和法治方式推动国有金融资本管理制度创新。加强国有金融资本的统一管理、穿透管理和统计监测，强化国有产权的全流程监管，落实全口径报告制度。

——坚持权责明晰。厘清金融监管部门、履行国有金融资本出资人职责的机构和国有金融机构的权责，完善授权经营体系，清晰委托代理关系。放管结合，健全激励约束机制，严防国有金融资本流失。

——坚持问题导向。聚焦制约国有金融资本管理的问题和障碍，加强协调，统筹施策，理顺管理体制机制，完善基本管理制度，促进国有金融资本布局优化、运作规范和保值增值，切实维护资本安全。

——坚持党的领导。落实全面从严治党要求，加强国有金融机构党的领导和党的建设，推动管资本与管党建相结合，保证党的路线方针政策和重大决策部署不折不扣贯彻落实。

（三）主要目标

建立健全国有金融资本管理的“四梁八柱”，优化国有金融资本战略布局，理顺国有金融资本管理体制，增强国有金融机构活力与控制力，促进国有金融资本保值增值，更好地实现服务实体经济、防控金融风险、深化金融改革三大基本任务。

——法律法规更加健全。制定出台国有金融资本管理法律法规，明晰出资人的法律地位，实现权由法授、权责法定。履行国有金融资本出资人职责的机构依法行使相关权利，按照权责匹配、权责对等原则，承担管理责任。

——资本布局更加合理。有进有退、突出重点，进一步提高国有金融资本配置效率，有效发挥国有金融资本在金融领域的主导作用，继续保持国家对重点国有金融机构的控制力，显著增强金融服务实体经济的能力。

——资本管理更加完善。以资本为纽带，以产权为基础，规范委托代理关系，完善国有金融资本管理方式，创新资本管理机制，强化资本管理手段，发挥激励约束作用，加强基础设施建设，进一步提高管理的科学性、有效性。

——党的建设更加强化。加强党对国有金融机构的领导，强化国有金融机构党的建设，巩固党委（党组）在公司治理中的法定地位，发挥党委（党组）的领导作用，为国有金融资本管理提供坚强有力的政治保证、组织保证和人才支撑。

二、完善国有金融资本管理体制

国有金融资本是指国家及其授权投资主体直接或间接对金融机构出资所形成的资本和应享有的权益。凭借国家权力和信用支持的金融机构所形成的资本和应享有的权益，纳入国有金融资本管理，法律另有规定的除外。

（四）优化国有金融资本配置格局。统筹规划国有金融资本战略布局，适应经济发展需要，有进有退、有所为有所不为，合理调整国有金融资本在银行、保险、证券等行业的比重，提高资本配置效率，实现战略性、安全性、效益性目标的统一。既要减少对国有金融资本的过度占用，又要确保国有金融资本在金融领域保持必要的控制力。对于开发性和政策性金融机构，保持国有独资或全资的性质。对于涉及国家金融安全、外溢性强的金融基础设施类机构，保持国家绝对控制力。对于在行业中具有重要影响的国有金融机构，保持国有金融资本控制力和主导作用。对于处于竞争领域的其他国有金融机构，积极引入各类资本，国有金融资本可以绝对控股、相对控股，也可以参股。继续按照市场化原则，稳妥推进国有金融机构混合所有制改革。

（五）明确国有金融资本出资人职责。国有金融资本属于国家所有即全民所有。国务院代表国家行使国有金融资本所有权。国务院和地方政府依照法律法规，分别代表国家履行出资人职责。按照权责匹配、权责对等、权责统一的原则，各级财政部门根据本级政府授权，集中统一履行国有金融资本出资人职责。国务院授权财政部履行国有金融资本出资人职责。地方政府授权地方财政部门履行地方国有金融资本出资人职责。履行出资人职责的各级财政部门对相关金融机构，依法依规享有参与重大决策、选择管理者、享有收益等出资人权利，并应当依照法律法规和企业章程等规定，履职尽责，保障出资人权益。

（六）加强国有金融资本统一管理。完善国有金融资本管理体制，根据统一规制、分级管理的原则，财政部负责制定全国统一的国有金融资本管理规章制度。各级财政部门依法依规履行国有金融资本管理职责，负责组织实施基础管理、经营预算、绩效考核、负责人薪酬管理等工作。严格规范金融综合经营和产融结合，国有金融资本管理应当与实业资本管理相隔离，建立风险防火墙，避免风险相互传递。各级财政部门根据需要，可以分级分类委托其他部门、机构管理国有金融资本。

（七）明晰国有金融机构的权利与责任。充分尊重企业法人财产权利，赋予国有金融机构更大经营自主权和风险责任。国有金融机构应当严格遵守有关法律法规，加强经营管理，提高经济效益，接受政府及其有关部门、机构依法实施的管理和监督。国有金融机构应当依照法律法规以及企业章程等规定，积极支持国家重大战略实施，建立和完善法人治理结构，健全绩效考核、激励约束、风险控制、利润分配和内部监督管理制度，完善重大决策、重要人事任免、重大项目安排和大额度资金运作决策制度。

（八）以管资本为主加强资产管理。履行国有金融资本出资人职责的机构应当准确把握自身职责定位，科学界定出资人管理边界，按照相关法律法规，逐步建立管理权力和责任清单，更好地实现以管资本为主加强国有资产管理的目标。遵循实质重于形式的原则，以公司治理为基础，以产权监管为手段，对国有金融机构股权出资实施资本穿透管理，防止出现内部人控制。按照市场经济理念，积极发挥国有金融资本投资、运营公司作用，着力创新管理方式和手段，不断完善激励约束机制，提高国有金融资本管理的科学性、有效性。

（九）防范国有金融资本流失。强化国有金融资本内外部监督，严格股东资质和资金来源审查，加快形成全面覆盖、制约有力的监督体系。坚持出资人管理和监督的有机统一，强化出资人监督，动态监测国有金融资本运营。加强对国有金融资本重大布局调整、产权流转和境外投资的监督。完善国有金融机构内部监督体系，明确相关部门监督职责，完善监事会监督制度，强化内部流程控制。加强审计、评估等外部监督和社会公众监督，依法依规、及时准确披露国有金融机构经营状况，提升国有金融资本运营透明度。

三、优化国有金融资本管理制度

（十）健全国有金融资本基础管理制度。建立健全全流程、全覆盖的国有金融资本基础管理体系，完善产权登记、产权评估、产权转让等管理制度，做好国有金融资本清产核资、资本金权属界定、统计分析等工作。加强金融企业国有产权流转管理，及时、全面、准确反映国有金融资本产权变动情况。规范金融企业产权进场交易流程，确保转让过程公开、透明。加强国有金融资本评估监管，独立、客观、公正地体现资产价值。整合金融行业投资者保险保障资源，完善国有重点金融机构恢复和处置机制，强化股东、实际控制人及债权人自我救助责任。

（十一）落实国有金融资本经营预算管理制度。按照统一政策、分级管理、全面覆盖的原则，加强金融机构国有资本收支管理。规范国家与国有金融机构的分配关系，全面完整反映国有金融资本经营收入，合理确定国有金融机构利润上缴比例，平衡好分红和资本补充。结合国有金融资本布局需要，不断优化国有金融资本经营预算支出结构，建立国有金融机构资本补充和动态调整机制，健全国有金融资本经营收益合理使用的有效机制。国有金融资本经营预算决算依法接受人大及其常委会的审查监督。

（十二）严格国有金融资本经营绩效考核制度。通过界定功能、划分类别，分行业明确差异化考核目标，实行分类定责、分类考核，提高考核的科学性、有效性，综合反映国有金融机构资产营运水平和社会贡献，推动金融机构加强经营管理，促进金融机构健康发展，有效服务国家战略。加强绩效考核结果运用，建立考核结果与企业负责人履职尽责情况、员工薪酬水平的奖惩联动机制。

（十三）健全国有金融机构薪酬管理制度。对国有金融机构领导人员实行与选任方式相匹配、与企业功能性质相适应、与绩效考核相挂钩的差异化薪酬分配办法。对党中央、国务院，地方党委和政府及相关机构任命的国有金融机构领导人员，建立正向激励机制，合理确定基本年薪、绩效年薪和任期激励收入。对市场化选聘的职业经理人，实行市场化薪酬分配机制。探索建立国有金融机构高管人员责任追究和薪酬追回制度。探索实施国有金融企业员工持股计划。

（十四）加强金融机构和金融管理部门财政财务监管。财政部门负责制定金融机构和金融管理部门财务预算制度，并监督执行。进一步完善金融企业财务规则，完善中国人民银行独立财务预算制度和其他金融监管部门财务制度，建立金融控股公司等金融集团和重点金融基础设施财务管理制度。各级财政部门依法对本级国有金融机构进行财务监管，规范企业财务行为，维护国有金融资本权益。继续加强银行、证券、保险、期货、信托等领域保障基金财政财务管理，健全财务风险监测与评价机制，防范和化解财务风险，保护相关各方合法权益。

四、促进国有金融机构持续健康经营

（十五）深化公司制股份制改革。加大国有金融机构公司制改革力度，推动具备条件的国有金融机构整体改制上市。推进凭借国家权力和信用支持的金融机构稳步实施公司制改革。根据不同金融机构的功能定位，逐步调整国有股权比例，形成股权结构多元、股东行为规范、内部约束有效、运行高效灵活的经营机制。

（十六）健全公司法人治理结构。规范股东（大）会、董事会、监事会与经营管理层关系，健全国有金融机构授权经营体系，出资人依法履行职责。推进董事会建设，完善决策机制，加强董事会在重大决策、选人用人和激励机制等方面的重要职责。按照市场监管与出资人职责相分离的原则，理顺国有金融机构管理体制。建立董事会与管理层制衡机制，规范董事长、总经理（总裁、行长）履职行为，建立健全权责对等、运转协调、有效制衡的国有金融机构决策执行监督机制，充分发挥股东（大）会的权力机构作用、董事会的决策机构作用、监事会的监督机构作用、高级管理层的执行机构作用、党委（党组）的领导作用。

（十七）建立国有金融机构领导人员分类分层管理制度。坚持党管干部原则与董事会依法产生、董事会依法选择经营管理者、经营管理者依法行使用人权相结合，不断创新实现形式。上级党组织和履行国有金融资本出资人职责的机构按照管理权限，加强对国有金融机构领导人员的管理，根据不同机构类别和层级，实行不同的选人用人方式。推行职业经理人制度，董事会按市场化方式选聘和管理职业经理人，并建立相应退出机制。

（十八）推动国有金融机构回归本源、专注主业。推动国有金融机构牢固树立与实体经济俱荣俱损理念，加强并改进对重点领域和薄弱环节的服务，围绕实体经济需要，开发新产品、开拓新业务。规范金融综合经营，依法合规开展股权投资，严禁国有金融企业凭借资金优势控制非金融企业。发挥好绩效目标的导向作用，引导国有金融机构把握好发展方向、战略定位、经营重点，突出主业、做精专业，提高稳健发展能力、服务能力与核心竞争力。

（十九）督促国有金融机构防范风险。强化国有金融机构防范风险的主体责任。推动国有金融机构细化完善内控体系，严守财务会计规则和金融监管要求，强化自身资本管理和偿付能力管理，保证充足的风险吸收能力。督促国有金融机构坚持审慎经营，加强风险源头控制，动态排查信用风险等各类风险隐患，健全风险防范和应急处置机制。规范产融结合，按照金融行业准入条件，严格限制和规范非金融企业投资参股国有金融企业，参股资金必须使用自有资金。各级财政部门、中央和国家机关有关部委以及地方政府不得干预金融监管部门依法监管。

五、加强党对国有金融机构的领导

（二十）充分发挥党委（党组）的领导作用。坚持党要管党、从严治党，坚持党对国有金融机构的领导不动摇，发挥党委（党组）的领导作用。坚持党的建设与国有金融机构改革同步谋划、党的组织及工作机构同步设置、党委（党组）负责人及党务工作人员同步配备、党建工作同步开展。国有金融机构党委（党组）把方向、管大局、保落实，重点管政治方向、领导班子、基本制度、重大决策和党的建设，切实承担好、落实好从严管党治党责任。把加强党的领导和完善公司治理统一起来，将党建工作总体要求纳入国有金融机构章程，明确国有金融机构党委（党组）在公司治理结构中的法定地位，规范党委（党组）参与重大决策的内容和程序规则，把党委（党组）会议研究讨论作为董事会决策重大问题的前置程序。合理确定党委（党组）领导班子成员和董事会、监事会、管理层双向进入、交叉任职比例。

（二十一）进一步加强领导班子和人才队伍建设。坚持党管干部原则，坚持好干部标准，建设高素质领导班子。按照对党忠诚、勇于创新、治企有方、兴企有为、清正廉洁的要求，选优配强国有金融机构一把手，认真落实“一岗双责”。把党委（党组）领导与董事会依法选聘管理层、管理层依法行使用人权有机结合起来，加大市场化选聘力度。健全领导班子考核制度。培养德才兼备的优秀管理人员，造就兼具经济金融理论与实践经验的复合型人才。制定金融高端人才计划，重视从一线发现人才，精准引进海外高层次人才，加快建立健全国有金融机构集聚人才的体制机制。

（二十二）切实落实全面从严治党“两个责任”。压紧压实国有金融机构党委（党组）主体责任和纪检监察机构监督责任。健全国有金融机构领导人员职业道德约束制度，加强党性教育、法治教育、警示教育，引导国有金融机构领导人员坚定理想信念，正确履职行权，廉洁从业，勤勉敬业。依法依规规范金融管理部门工作人员到金融机构从业行为，相关部门要制定实施细则，严格监督执行，限制金融管理部门工作人员离职后到原任职务管辖业务范围内的金融机构、原工作业务直接相关的金融机构工作，规范国有金融机构工作人员离职后到与原工作业务相关单位从业行为，完善国有金融管理部门和国有金融机构工作人员任职回避制度，杜绝里应外合、利益输送行为，防范道德风险。坚持运用法治思维和法治方式反腐败，完善标本兼治的制度体系，加强纪检监察、巡视监督和日常监管，严格落实中央八项规定及其实施细则精神，深入推进党风廉政建设和反腐败斗争，努力构筑国有金融机构领导人员不敢腐、不能腐、不想腐的有效机制。

六、协同推进强化落实

（二十三）加强法治建设。健全国有金融资本管理法律法规体系，做好相关法律法规的立改废释工作。按照法定程序，加快制定国有金融资本管理条例，明确授权经营体制，为完善国有金融资本管理体制机制夯实法律基础。研究建立统一的国有金融资本出资人制度，明确出资人的权利、义务和责任。完善和落实国有金融资本管理各项配套政策。

（二十四）加强协调配合。履行国有金融资本出资人职责的机构要与人民银行、金融监管部门加强沟通协调和信息共享，形成工作合力。履行国有金融资本出资人职责的机构在制定完善国有金融资本管理制度时，涉及其他金融管理部门有关监管职责的，应当主动征求有关部门意见。其他金融管理部门在制定发布相关监管政策时，要及时向履行国有金融资本出资人职责的机构通报相关情况。

（二十五）严格责任追究。建立健全国有金融机构重大决策失误和失职、渎职责任追究倒查机制，严厉查处侵吞、贪污、输送、挥霍国有金融资本的行为。建立健全国有金融资本管理的监督问责机制，对形成风险没有发现的失职行为，对发现风险没有及时提示和处置的渎职行为，加大惩戒力度。对重大违法违纪问题敷衍不追、隐匿不报、查处不力的，严格追究有关部门和相关人员责任，构成犯罪的，坚决依法追究刑事责任。

（二十六）加强信息披露。建立统一的国有金融资本统计监测和报告制度，完整反映国有金融资本的总量、投向、布局、处置、收益等内容，编制政府资产负债表，报告国有金融机构改革、资产监管、风险控制、高级管理人员薪酬等情况。国有金融资本情况要全口径向党中央报告，并按规定向全国人大常委会报告国有金融资产管理情况，具体报告责任由财政部承担。各级财政部门定期向同级政府报告国有金融资本管理情况。国务院和地方政府应当对履行出资人职责机构的履职情况进行监督，依法向社会公布国有金融资本状况，接受社会公众的监督。

各级党委和政府要统一思想，以高度的政治责任感和历史使命感，切实履行对完善国有金融资本管理工作的领导责任。要根据本意见，结合实际制定实施意见，加强统筹协调、明确责任分工、细化目标任务、强化督促落实，确保国有金融资本管理得到有效加强。

建立健全国有资本管理的“四梁八柱”

——财政部有关负责人详解《关于完善国有金融资本管理的指导意见》

中共中央、国务院近日印发《关于完善国有金融资本管理的指导意见》，对国有金融资本管理作出顶层设计和重大部署。指导意见出台的意义是什么，有哪些主要看点？财政部有关负责人就意见的有关情况回答了新华社记者的提问。

意见对完善国有金融资本管理意义重大

据财政部有关负责人介绍，意见提出的主要目标是建立健全国有资本管理的“四梁八柱”，理顺国有金融资本管理体制，增强国有机构活力与控制力，更好地实现服务实体经济、防控金融风险、深化金融改革三大基本任务。法律法规更加健全，资本布局更加合理，资本管理更加完善，党的建设更加强化。

这位负责人说，在当前形势下，完善国有金融资本管理，是贯彻落实党的十九大和全国金融工作会议精神的必然要求，是推动金融治理体系和治理能力现代化、提高国有金融企业竞争力的迫切需要，是坚持党的领导和加强党的建设的重要保障。

据这位负责人介绍，国有金融资本是指国家及其授权投资主体直接或间接对金融机构出资所形成的资本和应享有的权益。凭借国家权力和信用支持的金融机构所形成的资本和应享有的权益，在符合法律规定的前提下，一并纳入国有金融资本管理。

意见聚焦制约国有金融资本管理的问题和障碍

意见坚持问题导向，提出一系列措施：

完善国有金融资本管理体制。意见第一次明确国务院、地方政府分别授权财政部、地方财政部门履行国有金融资本出资人职责。加强国有金融资本集中统一管理，统一规制、分级管理，各级财政部门依法依规履行国有金融资本管理职责。

优化国有金融资本配置格局。合理调整国有金融资本在银行、保险、证券等行业的比重，推动国有金融资本向重要行业和关键领域、重要基础设施和重点金融机构集中，提高资本配置效率，实现战略性、安全性、效益性目标的统一。

优化国有金融资本管理制度。健全国有金融资本基础管理制度，加强金融机构国有产权流转管理；落实国有金融资本经营预算管理制度，规范国家与国有金融机构的分配关系；严格国有金融资本经营绩效考核制度，实行分类定责、分类考核；健全国有金融机构薪酬管理制度；加强金融机构和金融管理部门财政财务监管，维护国有金融资本权益。

促进国有金融机构持续健康经营。深化公司制股份制改革，推动具备条件的国有金融机构整体改制上市；健全公司法人治理结构，建立国有金融机构领导人员分类分层管理制度；推动国有金融机构回归本源、专注主业，督促防范风险。

加强党对国有金融机构的领导。充分发挥党组织领导作用，坚持党建工作“四个同步”，把加强党的领导和完善公司治理统一起来；加强领导班子和人才队伍建设，切实落实全面从严治党“两个责任”；规范金融管理部门工作人员到金融机构从业行为，杜绝里应外合、利益输送，防范道德风险。

协同推进强化落实。加强法治建设，加强协调配合，严格责任追究，加强信息披露。

加强国有金融资本集中统一管理实现财权统一

这位负责人说，加强国有金融资本集中统一管理，明确由财政部门履行国有金融资本出资人职责，是坚持问题导向，实现国家财权统一，维护国家金融安全的战略选择，可有效解决由于管理职责分散造成的国有金融资本整体战略布局缺乏、激励约束机制难以健全等问题。

这位负责人说，近年来，财政部以“管资本”为主，从产权登记、评估、转让等基础管理，到保值增值、绩效评价、薪酬管理、经营预算、通过派出股权董事行使出资人权利等各有关方面，不断完善管理制度，基本形成了比较系统的国有金融资本管理体系。但是，从法律地位和权责匹配看，国有金融资本出资人职责缺少明确授权，管理权责边界不清晰，很大程度上影响了国有金融资本管理职能的有效发挥。意见明确提出，国务院授权财政部履行国有金融资本出资人职责，有利于压实部门管理责任，明晰委托代理关系，完善授权管理体制。

意见对国有金融机构股权出资实施资本穿透管理

“意见明确由地方财政部门履行地方国有金融资本出资人职责，有利于厘清地方金融监管部门和履行出资人职责机构的权责，更好地发挥金融体制改革的协同效应。”这位负责人说，意见要求遵循实质重于形式的原则，以公司治理为基础，以产权监管为手段，对国有金融机构股权出资实施资本穿透管理。

这位负责人说，实施资本穿透管理，主要从国有产权流转方面来进行全流程监管，是在尊重公司治理的前提下进行，与分层授权、分层决策的公司治理结构并不矛盾，不干预公司自主经营、不改变决策结构。

这位负责人说，履行国有金融资本出资人职责的机构要与金融管理部门加强沟通协调和信息共享，形成工作合力。中央和国家机关有关部委、各级财政部门以及地方政府不得干预金融监管部门依法监管。

来源：新华网

[司法解释、司法指导性文件与解读]

最高人民法院

关于适用《中华人民共和国民法总则》诉讼时效制度若干问题的解释

（2018年7月2日最高人民法院审判委员会第1744次会议通过
2018年7月18日法释〔2018〕12号公布
自2018年7月23日起施行）

为正确适用《中华人民共和国民法总则》关于诉讼时效制度的规定，保护当事人的合法权益，结合审判实践，制定本解释。

第一条 民法总则施行后诉讼时效期间开始计算的，应当适用民法总则第一百八十八条关于三年诉讼时效期间的规定。当事人主张适用民法通则关于二年或者一年诉讼时效期间规定的，人民法院不予支持。

第二条 民法总则施行之日，诉讼时效期间尚未满民法通则规定的二年或者一年，当事人主张适用民法总则关于三年诉讼时效期间规定的，人民法院应予支持。

第三条 民法总则施行前，民法通则规定的二年或者一年诉讼时效期间已经届满，当事人主张适用民法总则关于三年诉讼时效期间规定的，人民法院不予支持。

第四条 民法总则施行之日，中止时效的原因尚未消除的，应当适用民法总则关于诉讼时效中止的规定。

第五条 本解释自2018年7月23日起施行。

本解释施行后，案件尚在一审或者二审阶段的，适用本解释；本解释施行前已经终审，当事人申请再审或者按照审判监督程序决定再审的案件，不适用本解释。

破产管理人与重整制度的探索与完善

——《全国法院破产审判工作会议纪要》[1] 的理解与适用（上）

贺小荣　王富博　杜　军[*]

2018 年 3 月 4 日，最高人民法院印发了《全国法院破产审判工作会议纪要》（法〔2018〕53 号，以下简称《会议纪要》），明确了当前和今后一个时期我国破产审判工作的总体要求，对破产审判专业化建设、管理人制度的完善、破产重整、破产清算、关联企业破产、执行程序与破产程序的衔接、破产信息化建设、跨境破产等重大疑难问题进行研究，并提供了解决路径和方法。《会议纪要》对完善破产审判机制、促进企业破产依法高效进行具有重要指导作用。为正确理解和适用《会议纪要》，现对其中涉及的主要问题解读如下。

一、《会议纪要》的背景和意义

我国经济发展进入新常态，传统经济发展方式引发的问题已充分显现，供给侧产能过剩、有效供给比较匮乏的问题尤为突出。党的十八届五中全会提出，更加注重运用市场机制、经济手段、法治办法化解产能过剩，加大政策引导力度，完善企业退出机制。2015 年中央经济工作会议强调推进供给侧结构性改革，积极稳妥处置僵尸企业，司法部门要依法为实施市场化破产程序创造条件。随着中央集中处置僵尸企业，多头并进、多措并举，一批落后企业和过

① 《商事法律文件解读》2018 年第 2 辑（总第 158 辑）刊登。

* 作者单位：最高人民法院。

剩产能存在的矛盾充分暴露。破产是解决企业产业深层次矛盾、优化资源配置、提升企业产业质效的重要法治途径，破产制度是现代化经济体系的一项重要制度。人民法院切实将企业破产审判工作置于统筹推进“五位一体”总体布局和协调推进“四个全面”战略布局中谋划和开展，认真落实中央部署，通过审理企业破产案件，化解产能过剩，清理僵尸企业，建立完善破产审判工作机制，近年来在督促落后企业淘汰、促进企业产业优化升级方面取得了明显进展，努力为企业市场化破产创造良好司法环境。

但是，随着企业破产工作的深入推进，一些问题和困难严重制约了破产制度有效实施，有的甚至已成为制约企业依法顺利破产的重大障碍。主要表现在：一是部分企业和社会公众仍对破产存在认识偏差，破产审判在服务和推进供给侧结构性改革中的作用尚未得到充分发挥；二是破产相关配套制度尚不健全，人民法院处置僵尸企业的制度体系有待改进；三是重清算、轻重整的观念尚未得到根本扭转，破产重整制度的拯救价值未得到充分彰显；四是破产管理人的选任方式、考评机制、淘汰制度尚不健全，破产管理人制度体系亟待完善；五是破产费用保障机制尚未有效建立，三无企业破产面临现实瓶颈；六是执转破工作机制尚未形成，通过破产化解执行难的作用尚未充分发挥（参见2017年12月25日最高人民法院院长周强在全国法院破产审判工作会议上的讲话）。由于这些问题和困难的存在，企业破产工作同党中央的要求、人民群众的期盼和建设现代化经济体系的要求相比还存在着差距。

习近平总书记在党的十九大报告中深刻指出，我国经济已由高速增长阶段转向高质量发展阶段，正处在转变发展方式、优化经济结构、转换增长动力的攻关期，要贯彻新发展理念，坚持以供给侧结构性改革为主线，建设现代化经济体系。当前，加强企业破产案件审理工作，是人民法院贯彻新发展理念、服务供给侧结构性改革的重要抓手，也是完善人民法院司法工作整体布局、努力让人民群众在每一个司法案件中感受到公平正义的重要方面。破产审判工作部门应该登高望远，总结经验，直面问题，尽快补齐破产审判体制机制短板，推动企业破产再上新台阶。为此，2017年12月25日，最高人民法院在广东省深圳市召开了全国法院破产审判工作会议，与会代表对人民法院破产审判涉及的主要问题达成共识，形成了《会议纪要》。

《会议纪要》总的精神是：一要发挥破产审判功能，助推建设现代化经济体系；二要着力服务构建新的经济体制，完善市场主体救治和退出机制；三要健全破产审判工作机制，最大限度释放破产审判的价值；四要完善执行与破产工作的有序衔接，推动解决执行难。

二、关于破产管理人制度的完善

管理人是破产程序的主要推动者和破产事务的具体执行者。管理人的能力和素质不仅直接影响企业破产的质量和效率，还关系到破产企业的命运与未来发展。2007 年最高人民法院根据企业破产法的精神发布了《关于审理企业破产案件指定管理人的规定》《关于审理企业破产案件确定管理人报酬的规定》两个司法解释，企业破产法和上述两个司法解释形成了目前管理人制度的基本法制格局。11 年来，各地法院按照管理人法律制度的要求制定了管理人名册，在个案中依法指定管理人，开展对管理人的指导，较好地处理了一批企业破产案件，实现了债权人、债务人及其他相关利益主体的利益公平保护。同时，管理人队伍也在办理破产案件的实践中得到了锻炼，破产管理人的经验和水平得到了提升。随着企业破产的依法铺开和深入推进，管理人制度运作实践中出现了很多新的问题，现行制度在很多方面表现出了与新情况、新问题不适应、不协调的状况，既制约了管理人职能的发挥，也不利于切实运用破产手段促进企业、产业新的发展。

（一）破产管理人实践中的问题

1. 管理人结构不合理。由于各地法院管理人名册中只包括律师事务所、会计师事务所和破产清算事务所，以及上述机构中的从业人员，所以在企业破产中担任管理人的只是律师、会计师等人员。这种模式更多的是立足于企业的清算价值而从法律、财务角度对企业进行把脉。但是，破产企业除具有清算价值外，可能还具有运营价值。判断破产企业是否具有运营价值以及如何制订最佳的重整方案来展现企业的运营价值，需要具有企业经营能力和管理经验、专业技术知识的人员来判断和进行，先前的管理人制度未为这类人员提供通向破产管理的通畅入口。

2. 管理人指定方式以及对管理人的管理存在不足。法院指定管理人多数都是在管理人名册中采取摇号、抽签等方式随机指定。对比较简单的企业破产案件采取随机方式指定管理人，管理人都能够依法完成破产管理工作。但是，这种方式虽可避免管理人指定中的恣意现象，对于复杂的破产案件，尤其是破产重整案件，采取随机方式指定的管理人有时不能胜任，无法依法履职，对破产工作的质量和效果造成较大的不利影响。

3. 管理人的职责及与法院的职能划分不清晰。管理人缺位与法院越位的现象并不鲜见，对于一些本应由管理人作出商业判断的事项，管理人常常提请法院决策，这种怠于履行职责的行为导致了其从破产程序中的决策者沦为简单的执行者，不仅有违法律的规定，而且不利于管理人独立地位的塑造和责任意识的强化。

4. 管理人执业保障和队伍科学发展机制尚未形成。由于未建立管理人报酬保障机制和管理人行业组织，管理人执业动力、执业意愿、执业水平都受到较大影响。当前，尤其是破产费用缺乏导致无法支付管理人报酬的问题比较突出，企业无产可破或财产不足以支付管理人报酬时，管理人往往对工作消极应付，有的甚至拒绝履职。

我们认为，管理人制度问题是破产法律制度完善中的瓶颈问题，而上述几个问题又是突破瓶颈的关键。这些问题不解决，管理人法律制度的目的就难以圆满实现。《会议纪要》在管理人制度的完善部分对上述问题的解决作出了尝试和努力。

（二）优化管理人结构，促进搭建优质管理人团队

确保在企业破产中有优秀的管理人可供选择，搭建优质、合理的破产管理人团队，是完善管理人制度时应首先考虑的问题。《会议纪要》第 4 条、第 5 条就此作出了明确。

第一，改善管理人结构。虽然目前法律、司法解释将管理人限于律师、会计师等中介机构及其从业人员，但在具体的破产企业管理中，法院仍有必要根据单个企业的实际情况，指导上述中介机构吸收熟谙企业特点和运营规律，具有专业技术知识、经营能力的非中介机构类人员参与破产管理，确保企业破产病因诊断准确、企业拯救药方对症有效、经济资源配置整合合理。这既是人民法院在指定管理人时必须考虑的因素，更是管理人在实际搭建工作团队时必须认真研究和解决的问题。人民法院在指定管理人后，可以对管理人搭建工作团队提出必要的建议。

第二，许可管理人异地执业。原先，管理人多数是从受理破产案件法院本

地制定的管理人名册中指定，这既导致优秀管理人无法跨地域执业从而无法形成有效竞争，又产生了由于本地管理人能力不强使破产受阻等问题。《会议纪要》在总结经验的基础上提出探索管理人跨区域执业，既有利于从个案中遴选出最佳管理人，更有利于管理人在更广泛的市场进行竞争，提升管理人素质。许可管理人异地执业的目的是确保破产案件能够遴选到优秀且合适的管理人，提高破产管理水平和强化破产管理职责，所以法院在许可异地管理人执业时也要考虑异地管理人是否能够切实承担破产职责这一因素。

第三，准许管理人联合执业。从地域范围看，管理人的地区发展很不平衡，破产管理的整体水平有待提高。虽然各高级法院和一些中级法院都建立了管理人名册，但是很多地方因破产案件数量较少，很多入册的中介机构并无破产管理的实践经验。相反，有的地方通过处理大量破产案件，管理人积累了较多经验。从行业特点看，律师、会计师等不同机构和人员各具优势，具备联合执业的需求、基础和经验。准许管理人联合执业，通过管理人间相互传帮带，实际上有利于在更大的范围选择管理人，优化管理人结构。但是，需要注意的是，在管理人联合执业的问题上，法院不能“拉郎配”，而是要尊重各相关中介机构的意见。而且，各具备资质的中介机构请求联合担任同一破产案件管理人的，除符合自愿协商的条件外，人民法院还应当从中介机构是否优势互补、能否做到权责一致等方面考虑是否有必要准许联合执业。

（三）改进管理人指定方式，加强对管理人的管理

按照之前的法律规则，法院指定管理人应采取随机方式指定为原则、竞争方式指定为例外的模式。《会议纪要》第6条、第7条分别从以下两方面对这一模式进行改进。

一方面，加强竞争方式指定的分量。《会议纪要》印发前，《最高人民法院关于审理企业破产案件指定管理人的规定》第二十一条第一款规定：“对于商业银行、证券公司、保险公司等金融机构或者在全国范围有重大影响、法律关系复杂、债务人财产分散的企业破产案件，人民法院可以采取公告的方式，邀请编入各地人民法院管理人名册中的社会中介机构参与竞争，从参与竞争的社会中介机构中指定管理人。参与竞争的社会中介机构不得少于三家。”所以，采用竞争方式指定管理人在以前只是例外地存在于金融机构破产和其他极少数在全国有重大影响的破产案件中。实际上，如果继续将竞争方式限定在上

述范围内，而对上市公司破产案件、在本地有重大影响的破产案件，还只能采取随机方式指定管理人的话，结果就是选定的管理人难以胜任企业破产管理，难以量身制定企业最佳破产方案，严重影响破产效果。《会议纪要》第7条明确指出破产案件中可以引入竞争机制，进一步打开了适用竞争方式的大门。而且，该条进一步确立了上市公司破产等类型案件一般应采取竞争指定原则。

另一方面，实行对管理人的分级管理，降低管理人指定的制度性成本。管理人分级管理，是法院在综合考虑管理人专业水准、工作经验、执业操守、工作绩效、勤勉程度基础上，将同层次的管理人编入同一等级中，分别管理，分别考核。分级管理后，法院可以综合考虑破产案件的复杂程度和影响程度，选定在特定等级的管理人中来指定。在该等级中，如果采用竞争方式指定管理人，可以避免甄别不同层次管理人而发生的内在成本；如果采用随机方式指定时，可以消除不能胜任工作管理人产生的外部成本。分级管理是一项新的制度，法院应当在听取破产利害关系人、相关主管部门意见的基础上建立管理人评价档案，作为管理人水平的评价依据。应当设立严格、规范的准入、考评及淘汰机制，实现对管理人名册的动态管理。当前，已经设立了专业的清算与破产审判庭的中级法院，应当加强对管理人的分级管理。

（四）廓清管理人职权范围，落实管理人职责

管理人依法行使职权、切实承担管理责任是企业破产有效进行的重要保障，《会议纪要》第8条、第9条、第11条在管理人的职权和责任方面提供了指引。

第一，管理人要切实承担其职能。虽然企业破产法规定了管理人的法定职能和权限，但由于企业破产事务的复杂性和相关事务性质的模糊性，使得长期以来企业破产中审理破产案件法院（法官）的工作职能与管理人的职能并不清晰。比如，有的管理人对破产企业的日常费用开支计划均报经法院（法官）批准，法院如果不作出指令，管理人便不采取行为。这显然是不妥的。《会议纪要》明确指出，法院不得代替管理人作出本应由管理人自己作出的决定，管理人也不得将职责进行转让。这样规定的目的是确认并树立管理人法定主体地位，促进改善法院对管理人的监督方式，避免法院从程序的督导推动者变为破产事务的主导决策者。

第二，明晰重整管理人的特定职责。企业重整中如果是管理人管理的方

式，一般来讲，管理人有较强的审慎履职动因，但如果是债务人自行管理的重整方式，管理人有时就缺乏积极、审慎履职的动力，往往对债务人的自行管理行为得过且过，充当橡皮图章或法院的传声筒。《会议纪要》第 9 条要求法院督促管理人制定监督债务人的具体制度，主要就是真正落实管理人监督职责，避免因管理方式不同而导致破产质效迥异。同时，《会议纪要》还对重整监督期间、重整等破产程序转化时管理人的职责进行了明确。

第三，设定管理人履职费用规则。管理人应当自行完成其职责范围的事项，但是，因破产企业的情况各异，每个破产案件中的具体破产事宜有时也很不相同，在管理人确实无法承担某些破产事务时，应当允许其聘请相关机构或人员帮助完成。此时，发生的有关费用如果由管理人从其报酬中支付的，法院无需干预；如果有关费用需要列入破产费用的，这相当于在管理人报酬之外又增加了破产费用的总额，此时应当经过债权人会议的同意。这也意味着法院在确定管理人报酬时要充分考虑管理人自行完成的工作量这一因素，切实避免有关费用在破产费用中被重复提取。

（五）加强执业保障，促进管理人队伍规范有序发展

《会议纪要》第 10 条、第 12 条、第 13 条从管理人报酬的支付、管理人报酬的资金保障、管理人协会建立三个方面进一步加强管理人的执业保障，促进管理人队伍规范有序发展。

第一，恰当发挥管理人报酬激励作用。法院应当根据企业破产工作的进展程度确定管理人报酬支付方式，既要避免一次性支付管理人报酬下管理人缺乏激励的问题，也要避免管理人长期无法获得合理回报而不能正常发挥作用。《会议纪要》第 10 条设计了分期支付为主、一次性支付为辅的报酬支付方式。

第二，推动建立管理人报酬等破产费用保障制度。破产企业往往经济状况不佳，很多企业没有财产或者全部财产已经被设定担保，导致管理人难以从企业财产中获得报酬。《会议纪要》明确要求各地法院采取争取地方财政部门支持、从破产案件管理人报酬中提取一定比例成立保障资金等方式来解决无力支付报酬问题。可以说，这个问题是今后一个时期破产审判机制完善的重点。最高人民法院也在协调有关国家机关建立破产费用保障制度，已经取得一定的进展。

第三，推动建立管理人协会。律师、会计师等中介机构分属不同行业，由于缺乏统一的管理人自律组织，实践中管理人水平参差不齐。从发达国家管理人制度发展经验看，建立管理人行业协会有利于强化管理人行业自治，提升管理人素质和水平。目前，一些地方已经建立了市级或省级管理人协会，取得了很好的效果，各地法院要勇于探索，这也是破产管理人规范管理工作的重点。当然，在管理人协会主管单位方面，虽然《会议纪要》没有明确，但各地法院要结合实际来解决，尤其是在今年新一轮政府机构改革后，各地要密切注意发挥有关行政机关在推动成立管理人协会方面的积极作用。

三、关于破产重整制度的完善

（一）加强重整对象的识别审查，防止重整程序滥用

《会议纪要》第 14 条对重整适用的对象作了明确限定，即破产重整的对象应当是具有挽救价值和可能的困境企业。这也是人民法院在裁定是否启动重整程序时应予重点审查的内容。该条包含两层含义：

第一，重整对象是生产经营出现问题的困境企业。按法律标准判断，重整对象就是出现企业破产法第二条所规定的破产重整原因的企业，即不能清偿到期债务，并且资产不足以清偿全部债务或者明显缺乏清偿能力的企业，或者有明显丧失清偿能力可能的企业。从破产原因上看，重整比破产清算门槛低，除破产清算的原因外，债务人企业有明显丧失清偿能力可能的，即可申请重整。这样规定是为了对困境企业及早挽救，提高重整成功率。

第二，困境企业应具有拯救价值和拯救可能。这是启动重整程序应具备的必要性和可能性标准。困境企业即便出现了重整原因，但如不具有拯救的价值和可能，也无启动重整程序之必要。困境企业的拯救价值体现在其继续经营价值高于清算价值，维持企业的继续经营有利于债权人、债务人、出资人、员工等各利害关系人，有利于社会整体价值最大化。商事重整的理念就在于：财产用于生产经营时的价值要高于备废弃出售时的价值。① 困境企业具有挽救的可能，是指企业通过调整债权债务关系以及生产经营等，具有重新获得盈利能力、恢复清偿能力的前景和可能性。从另一方面看，困境企业的挽救需要各利害关系人共同努力、各自作出不同程度的让步才有实现的可能性，因此，如果

① ［美］查尔斯·J. 泰步：《美国破产法新论（第 3 版）》（下册），韩长印、何欢、王之洲译，中国政法大学出版社 2017 年版，第 1130 页。

各方利害关系人没有挽救债务人企业的意愿，或者均不愿作出让步，也就表明债务人企业不具有挽救希望。[①] 就此而言，重整的条件其实比破产清算更为严格，这是重整制度价值和制度功能使然。

认定重整对象是否具有拯救价值和可能性涉及一定的商业判断，这对从事破产审判工作的法官提出了较高要求。为适应这种要求，破产审判法官需要从两方面作出努力。一是拓宽知识领域。除法律知识外，破产审判法官还需要了解重整企业的行业现状、发展前景，加强企业管理、商业经营等方面的知识积累和储备，提高综合业务素质，增强处理破产案件的能力。二是丰富审查方法。在对重整申请进行审查时，除书面材料审查外，对债权债务关系复杂、债务规模较大，或者涉及上市公司重整的案件，还可以组织申请人、被申请人听证。此外，还可以采取征询企业主管部门意见、听取行业专家意见等方式进行综合判断衡量。

审判实践中适用本条时，要注意克服两种倾向。

一是不论困境企业是否具有拯救的价值和可能，只要具备重整原因就启动重整程序。重整程序成本高、耗时长，对利害关系人影响巨大，被拯救对象具有拯救价值和拯救的可能性时才有启动重整程序的必要。如让经营无望的困境企业随意进入重整程序，只会造成重整程序的空转，最终仍无力回天，徒增时间成本、经济成本，减损债务人企业的资产，损害债权人利益甚至是社会利益。在当前中央大力推进供给侧结构性改革、清理僵尸企业的大形势下，强调严格识别审查重整对象的现实意义在于，防止部分地方出于经济指标考核、维护社会稳定、安置职工就业等法外因素考虑，滥用重整程序，使高污染、高能耗、连年亏损，产品没有市场，主要靠政府补贴和银行续贷维持经营的僵尸企业借重整之名，逃避被清理的命运，规避供给侧结构性改革。从制度功能上看，我们必须认识到，重整并非调整社会资源配置的唯一手段，破产清算同样具有优化资源配置、实现优胜劣汰的积极功效，对于经营无望的困难企业，通过清算尽早退出市场无疑是资源配置的最佳选择。因此，人民法院在审查重整申请过程中，根据债务人的资产状况、技术工艺、生产销售、行业前景等因素，能够认定债务人明显不具备重整价值以及拯救可能性的，应裁定不予

① 王欣新：《破产法》（第三版），中国人民大学出版社2011年版，第249页。

受理。

二是滥用重整企业识别审查标准，人为抬高重整门槛，阻碍重整案件受理，滋生新的启动难问题。重整涉及商业判断、沟通协调、司法认定等多方面工作，程序繁琐，对法官综合素质要求高；加之目前破产审判专业化程度不高、破产审判绩效考核不健全，致使重整案件犹如烫手的山芋，很多人避之唯恐不及。其实，不独重整，包括重整在内的整个破产案件启动难问题一直是社会各界诟病的顽疾。其具体表现在：破产立案条件严苛，立案门槛高；破产申请即便符合立案条件，但有的法院出于种种原因仍不立案；有的虽然最终立案，但时日漫长，以至于耗尽了申请人的耐心，突破了其心理承受能力底线，令申请人产生迟来的正义并非正义的嗔怨。① 近年来，伴随着立案制度改革，破产案件启动难问题有一定程度的缓解，但问题并没有根本解决。在此情形下，我们需要注意防范对重整申请进行审查时，滥用重整价值和可能性标准，人为抬高重整门槛，随意拒绝启动重整程序的倾向，防止滋生新的重整启动难问题。

（二）发挥人民法院在制定重整计划中的作用，提高重整企业质效

《会议纪要》第16条规定了人民法院在重整计划制定过程中应发挥的作用。重整计划的制定是重整程序的关键环节，是重整拯救功能得以实现的前提和基础。重整程序对困境企业的拯救正是通过制定行之有效的重整计划草案并表决通过付诸执行得以实现的。制定重整计划并对各方利益主体作出合理安排，是重整制度利益平衡的精髓，也是重整程序中最为关键的一环。② 根据企业破产法的规定，重整计划草案由管理人或者债务人负责制定，人民法院并非重整计划草案的制定者。由于重整计划草案由债权人分组表决以及出资人组表决通过，管理人或债务人在制定重整计划草案时，往往比较重视债权债务关系如何了结的问题，尤其关注债权调整和股权调整的内容；而在时间和精力有限的情况下，很难深入分析企业陷入困境的原因并有针对性地制定改善生产经营的方案。在这种情形下，即使企业重整成功，也仅仅是从形式上消除了重整原因，但却没有改善生产经营、完善企业管理、提高技术工艺，不能使企业提质增效，重整也就无法达到真正挽救困境企业的目的。

---

① 王富博：《破产立案制度的反思与重构》，载《人民司法》2017年第19期。

② 池伟宏：《论重整计划的制定》，载《交大法学》2017年第3期。

此外，重整拯救措施不明确，经营方案不具体，企业未来是否能够恢复盈利能力难以预测，势必会增加投资人的预期收益风险。为规避预期收益风险，投资人必然要求增加当期收益，从而挤压债权人和出资人的利益空间，最终影响重整计划草案的表决通过。在重整计划草案无法表决通过的情况下，人民法院出于各种考虑，常常不得不采取强制批准方式。这样极易激化矛盾，招致社会舆论非议，甚至引发信访维稳事件，使人民法院工作陷入十分被动的局面。

因此，尽管人民法院并非重整计划草案的制定者，但为了避免重整制度的运行偏离制度设计初衷，人民法院对重整计划草案的制定应加强与管理人或债务人的沟通，引导其深入分析债务人陷于困境的原因，有针对性地制定重整计划草案，改善企业生产经营和管理，促使企业重新获得盈利能力。当然，这主要是针对实务中常见的企业存续型重整而言，对于出售式重整，主要是企业资产和营业的整体转让，与存续型重整的目的和手段均有所不同，要求上也有所不同。但对于出售式重整究竟属于重整还是清算，学术界尚存争议。有学者认为，不能将破产清算所实现的债务人的资源、劳动力、营业的整体移转当作破产重整对待，以模糊这两个不同破产程序的适用条件、程序差别和法律效力，故在观念上和实务上，还是应当区别破产清算与破产重整的程序化特征。①

此外，人民法院还应与政府建立沟通协调机制，帮助管理人或债务人解决重整计划草案制定过程中自身无法解决的困难和问题，提高重整成功率。

（三）完善重整计划的批准条件，规范批准程序

重整计划的批准分为正常批准与强制批准两种情形。企业破产法对人民法院正常批准重整计划的条件付之阙如，对强制批准条件规定得不尽完备，导致实务中司法尺度不统一。为此，《会议纪要》第17条、第18条对人民法院正常批准和强制批准重整计划的条件加以完善，以期解决审判实践中存在的问题。

关于正常批准的条件。正常批准的前提是各表决组均已表决通过重整计划草案。由于各表决组均已决议通过重整计划草案，加之企业破产法对正常批准条件未作规定，因此实务中人民法院往往不加审查就直接批准重整计划。从性质上看，重整计划是债务人与债权人、出资人之间达成的有关如何拯救债务人

① 邹海林：《供给侧结构性改革与破产重整制度的适用》，载《法律适用》2017年第3期。

及重整溢价如何分配的合同。但与通常合同不同的是，当事人也并不享有完全自主权，即使所有当事人都同意，也只有在满足一系列法定要件之后，法院才会批准重整计划。[①] 这是因为，重整计划草案的分组表决采取会议多数决原则，各表决组均已通过重整计划，并不代表重整计划就一定公正、合法，其中仍存在多数人利用表决程序损害少数人权益的可能。故此，对于各表决组均已通过的重整计划草案，人民法院仍应进行审查，只有当其符合一定的条件后才能裁定批准。《会议纪要》第 17 条规定正常批准重整计划的条件包括两个方面：一是合法性条件，包括程序合法和内容合法。程序合法强调重整计划草案的表决程序符合企业破产法的规定；内容合法是指重整计划的内容符合债权人利益最大化原则、绝对优先原则、公平对待原则，不损害利害关系人和社会公共利益。需要强调的是，人民法院在审查重整计划的内容是否合法时，应着重审查其是否损害各表决组中少数反对者的合法权益，是否依法公平保障各债权人的利益。重整计划草案的表决通过虽然实行少数服从多数的原则，但是重整计划草案的内容决不能损害少数反对者的既得清偿利益，多数人的表决绝不能用来剥夺少数人的合法权益。[②] 如果任何债权人或股权人在重整计划下获得的待遇低于破产清算，且其不同意该计划，那么该计划就不能获得法院的批准。[③] 二是可行性条件，即重整计划中关于企业重新获得盈利能力的经营方案具有可行性。即使所有分组都通过了重整计划，也只有在认定重整计划具有可行性之后，法院才可能批准该计划。[④] 重整计划符合上述两方面条件的，人民法院应当自收到批准申请之日起 30 日内裁定批准。

关于强制批准的条件。强制批准是在部分表决组未能决议通过重整计划草案的情况下，人民法院强行批准重整计划草案。赋予人民法院强制批准权的正当性依据在于，部分表决组基于有利于实现自身利益的考量通过了重整计划草案，而反对组的利益也未因重整计划草案而受到侵害，因此批准重整计划草案

① ［美］查尔斯·J. 泰步：《美国破产法新论（第 3 版）》（下册），韩长印、何欢、王之洲译，中国政法大学出版社 2017 年版，第 1201 页。

② 王欣新：《论经济危机下的破产法应对》，载 2009 年 6 月 18 日《人民法院报》。

③ ［美］查尔斯·J. 泰步：《美国破产法新论（第 3 版）》（下册），韩长印、何欢、王之洲译，中国政法大学出版社 2017 年版，第 1243 页。

④ ［美］查尔斯·J. 泰步：《美国破产法新论（第 3 版）》（下册），韩长印、何欢、王之洲译，中国政法大学出版社 2017 年版，第 1201 页。

有利于增进社会整体利益。但由于强制批准与私法自治原则相冲突，会造成司法权对私权的直接调整和干涉，必须贯彻审慎适用原则，设定严格的限制条件，防止人民法院强制批准权的滥用。强制批准时，重整计划除应符合前述正常批准的原则外，还应满足特殊的条件要求。对此，《会议纪要》第 18 条规定，人民法院行使强制批准权的，重整计划草案除应当符合企业破产法第八十七条第二款规定外，如债权人分多组的，还应当至少有一组已经通过重整计划草案，且各表决组中反对者能够获得的清偿利益不低于依照破产清算程序所能获得的利益。

（四）明确重整计划的变更程序，彰显尽量挽救原则

重整计划的本质是一种经过司法确认的合同，按照合同严守原则，债务人应严格执行，不得随意变更解除。但重整计划的执行需要一定时间，有时长达数年，期间经常会遇到国家政策调整、法律修改变化、战略投资人的情况发生变化需要更换等特殊情况，导致重整计划无法执行。按照企业破产法第九十三条规定，此时应终止重整计划的执行，并宣告债务人破产。但一概如此处理，不免过于机械僵化，不利于对仍具有挽救价值和可能的困境企业进行拯救，并对各利害关系人的权益造成不利影响。为缓解法律的刚性，适应审判实践要求，《会议纪要》借鉴域外立法成果，在第 19 条、第 20 条对重整计划的变更问题做了规定，彰显对有重整价值和可能的困境企业尽量挽救的原则。

为防止已经进入执行阶段的重整计划随意变更，导致重整程序不当拖延，损害利害关系人的合法权益，在肯定重整计划可以变更的同时，还应对重整计划变更的条件、程序等作出明确限定，以防变更权的滥用。为此，《会议纪要》用两个条文从三个方面作出了规定：其一，明确规定了重整计划变更的前提条件是原重整计划因客观原因无法执行。如果债务人能够执行重整计划而拒绝执行，则不适用变更程序，以维护重整计划的严肃性。其二，限定了重整计划变更的次数。《会议纪要》第 19 条规定债务人或管理人仅能申请变更一次，以防久变不绝，无限拖延。其三，规定了重整计划变更的程序。按《会议纪要》的要求，重整计划的变更应遵循以下程序：第一，应由债务人或管理人提出变更申请。从域外做法看，重整计划的批准后修改也并非一种当然的权利。只有计划提交方或重整债务人可以寻求对批准后计划的修改，并且只有

在法院认定依照具体情况可进行修改时，才能进行批准后修改。[①] 第二，召开债权人会议，对变更申请进行表决。第三，债权人会议表决同意变更申请的，应自决议通过之日起10日内提请人民法院批准。第四，人民法院裁定批准变更申请的，由债务人或管理人在6个月内提出新的重整计划。第五，新的重整计划提交给因重整计划变更而遭受不利影响的债权人组和出资人组进行表决，利益未受不利影响的组别无需再次表决。第六，人民法院依申请审查是否批准变更后的重整计划。表决、申请人民法院批准以及人民法院裁定是否批准的程序与原重整计划相同。

（五）探索推行庭外重组与庭内重整衔接机制，弥补重整制度的不足

重整制度以积极拯救困境企业为目标，体现了再建主义的立法理念，奉行社会本位的价值追求，代表了现代破产法的发展趋势。与此同时，我们也应清醒地认识到，重整亦存在程序繁琐、时间冗长、成本偏高等不足，这大大限制了其适用性。据学者研究表明，在美国，每年有近50万个企业关闭，有更多企业遭遇经营或财务困难，不过，真正适用重整程序处理债务纠纷的企业只有1万个左右。而在适用美国破产法第11章进行重整的企业中，绝大多数是总资产在10万美元以下的企业，大企业重整的数量越来越少，相比20余年前，现在进入重整程序的企业只有当时的一半。[②] 为克服传统重整制度的不足，英美等破产法治发达国家经过实践探索，发展出了一套将法庭外重组与法庭内重整优势相结合，有利于节约重整成本、提高重整效率的新型企业拯救模式，我国业界称之为预重整。近年来，国内也出现了一批通过预重整成功挽救困境企业的案例，例如二重集团、德阳二重破产重整案，深圳福昌电子公司破产重整案等。但由于我国企业破产法中未明确规定预重整制度，相当一部分人对此还比较陌生；即便有所了解，但因法无明文，实务界也多持审慎、观望的态度。为增进人们对预重整制度的了解，打消适用中的疑虑，《会议纪要》第22条对预重整作出明确规定，体现了鼓励探索、倡导践行的司法政策取向。

预重整的突出特征在于将法庭外重组与法庭内重整相衔接。首先，预重整是在庭内重整程序开始之前，先由债务人与主要债权人、出资人等利害关系人

---

① ［美］查尔斯·J. 泰步：《美国破产法新论（第3版）》（下册），韩长印、何欢、王之洲译，中国政法大学出版社2017年版，第1223页。

② 许德风：《破产法论——解释与功能比较的视角》，北京大学出版社2015年版，第474页。

通过商业谈判与协调，拟定重组方案。这实际上是将本应在庭内重整程序中完成的重整计划草案制定及表决工作前置。与庭内重整程序相比，这一安排的优势显而易见：通过各利害关系人的自由协商谈判，既可以避免重整程序中管理人或债务人单方制定重整计划造成的利益失衡、表决难以通过问题，也有利于降低重整成本、缩短重整期限、合理确定重整企业的经营价值。其次，预重整将庭外重组协商的结果适用于庭内重整程序中并通过司法程序加以确认。这是预重整与单纯的庭外重组的显著区别。庭外重组遵从意思自治原则，由债务人与债权人等自由协商确定重组方案，根据合同相对性原则，重组方案仅对同意该方案的当事人具有约束力，而无法约束不同意的利害关系人。而要求债务人与全体债权人协商一致，达成共同认可的重组方案，操作上十分困难。这就造成庭外重组中持反对意见的少数债权人对多数债权人的钳制困境和搭便车问题。① 在预重整程序中，庭外协商是为庭内重整所作的准备工作，庭外协商形成的重组方案是制定重整计划草案的依据，对企业的拯救最终仍要通过庭内重整程序来完成。根据禁反言原则，在债务人已经充分披露相关信息，且重整计划草案未对重组方案作实质性修改的情况下，同意庭外重组方案的债权人和出资人即被视为同意重整计划草案，无需再参加债权人分组表决。人民法院批准重整计划后，重整计划对所有债权人包括少数反对的债权人均具有约束力，这就能够有效克服前述庭外重整的弊端。当然，从比较法的角度看，国外还存在庭外重组方案满足一定条件时，法院直接作为重组计划予以审查批准，无需另行制定重整计划的预重整模式。② 从国内的实务操作看，预重整的具体模式和操作方式也不一而足。

我国预重整的司法实践起步较晚，实务中对庭外重组协商阶段究竟由谁主导、法院是否参与庭外协商、庭外协商的费用如何支付、庭外重组方案与庭内重整计划草案如何衔接等还存在不同认识，做法也不尽相同。《会议纪要》本着开放的态度，仅对预重整作了原则性规定，为各地法院在实践中进一步研究探索预留了必要的空间。

---

① 季奎明：《论企业预先重整制度》，载《公司法律评论》2011 年卷。

② 金春、任一民、池伟宏：《预重整的制度框架分析和实践模式探索》，载王卫国、郑志斌主编：《法庭外债务重组》，法律出版社 2017 年版，第 107 页。

破产清算、关联企业破产以及执行与破产衔接的规范与完善

——《全国法院破产审判工作会议纪要》的理解与适用（下）

贺小荣　葛洪涛　郁　琳*

《全国法院破产审判工作会议纪要》（以下简称《会议纪要》）第五部分、第六部分和第七部分对破产清算程序、关联企业破产、执行程序与破产程序衔接中的重点难点问题进行了梳理，并提出了相应的解决方案和对策。为便于了解起草背景，准确理解《会议纪要》原意，正确适用相关规定，现对上述部分内容进行解读。

一、关于破产清算制度的完善

（一）破产清算制度的价值和《会议纪要》的原则精神

破产清算程序是我国企业破产法规定的破产程序组成部分之一，与重整程序、和解程序并列为独立的债权债务清理程序。作为破产制度创立和发展的原初形态和制度基石，破产清算是在债务人不能清偿债务时，由管理人对破产财产进行集中清理、变价和分配，以清偿全体债权人债权的一种程序。在制度功能上，与重整程序、和解程序重在挽救不同，破产清算则是让没有挽救希望和生存价值的企业，通过对债权债务关系的全面清理退出市场。虽然现代破产法更注重于破产预防和拯救制度的发展，但破产清算制度的重要性仍不可忽视，其在市场主体退出机制中始终居于基础性地位。在全国法院近年来受理的各类

* 作者单位：最高人民法院。

破产案件中，破产清算案件占比 80% 以上，即大多数企业进入破产程序后，都是通过清算程序予以处理。

为了更好地发挥破产清算程序优化资源配置、实现优胜劣汰的重要作用，不断完善我国市场主体退出机制，《会议纪要》在总结实践经验的基础上，立足于企业破产法的基本规定，对破产宣告、担保权人权利的行使、破产财产处置、破产债权清偿顺序、清算程序终结等问题进行了规范和完善。在制定《会议纪要》破产清算部分的过程中，我们始终坚持了以下原则。

一是坚持依法有据与程序安定为优选价值。企业破产法第十章就破产宣告、变价和分配、破产程序的终结进行了专门规定，而广义的破产清算程序还包括申请、受理以及破产宣告前的程序，因此，企业破产法中与破产清算程序相关的制度规定，均构成制定《会议纪要》本部分内容的基本法律依据。《会议纪要》立足于企业破产法的立法原则和制度框架，在完善相关制度的同时，维护和确保程序效力的稳定性。

二是确保公平公正与提升效率相统一。公平公正原则是破产程序贯穿始终的基本原则，而如何有效降低程序成本、增进程序效率，则是实现高效公正司法、尽快实现资源重新配置、促进相关主体利益最大化的内在要求。对此，《会议纪要》通过规范破产清算程序对财产和损失的公平分配和分担，在确保程序正当性的基础上，简化程序流程节点、鼓励创新财产处置方式、促进案件审理进程，从而达到依法公正保护各方主体利益、提升破产清算程序效率的目标。

三是坚持总结经验与鼓励探索相结合。在制定《会议纪要》过程中，我们对于一些较为成熟、认识比较统一、实践证明效果较好的司法经验予以肯定和吸收；对于争议较大的问题，如房地产企业破产清算中购房者的权利顺位、建筑工程优先权在破产程序中的清偿顺位、担保权的分别行使、职工集资款的清偿顺位等，则未纳入《会议纪要》中，留待理论与实践进一步探索和检验。

（二）完善破产宣告的条件、程序和转换

破产宣告是法院对债务人不能清偿债务而应当被清算的事实所作出的法律上的判定。[①] 根据企业破产法的规定，法院受理破产申请时破产程序即告开

① 邹海林：《破产法——程序理念与制度结构解析》，中国社会科学出版社 2016 年版，第 488 页。

始，但并不意味着债务人已被宣告破产。[①] 法院还可能在受理案件后一定时间内根据各方利害关系人尤其是债权人的意愿，决定是否进行和解或重整，从而体现出现代破产法鼓励对企业进行挽救的价值取向。这种将破产受理与宣告相分离的做法，凸显了破产宣告的特定程序意义，但也留下了破产受理后、破产宣告前的空白阶段，并与现行有关实体法将特定法律效果与破产宣告相联系的规定难以衔接。[②] 此外，由于缺乏对破产宣告条件和程序的规定，在一定程度上也影响了破产清算程序的效率。对此，《会议纪要》第23条和第24条对法院受理破产清算申请后破产宣告的条件和程序予以完善。

第一，《会议纪要》要求第一次债权人会议期间如果无人提出重整或和解申请的，相关主体应当及时申请破产宣告。之所以限定在此期间，主要是考虑到第一次债权人会议为法定债权人会议，许多事项均在此期间决定，也是债权人等利害关系人了解债务人情况、依法行使程序权利的重要阶段，从债权人自身利益最大化角度考虑，其有动力也有条件在判断债务人挽救可能性的基础上，提出重整或和解的申请。另外，企业破产法虽然规定破产宣告前均可通过重整或和解对债务人进行挽救，但为了避免以挽救为名不当拖延程序进程，损害债权人清偿利益，也有必要促使相关主体尽早作出判断，尽快对债务人进行挽救。

第二，提出破产宣告申请的主体为管理人。虽然企业破产法规定在破产重整或和解程序中，法院可依管理人或利害关系人申请宣告债务人破产，也可在债务人出现应当被宣告破产情形时依职权宣告破产，但在破产清算程序中，管理人作为对债务人财产进行管理、对债权债务关系进行清理的专门机构，由管理人在对债务人财产情况进行调查后及时申请法院进行破产宣告，符合其职责定位并具有程序适当性。此外，考虑到实践中有时第一次债权人会议期间尚未完成对债务人财产的评估、破产债权的审核确定等事务，故即便第一次债权人会议期间无人提出重整或和解的意愿，管理人亦应当在充分调查债务人财产、债权等情况下，对债务人破产原因进行充分判断后，及时申请对债务人进行破产宣告。

第三，限制破产宣告后的程序转换。关于破产宣告后能否申请将破产清算

① 王欣新：《破产法》（第三版），中国人民大学出版社2011年版，第286页。
② 许德风：《破产法论——解释与功能比较的视角》，北京大学出版社2015年版，第466页。

程序转入重整或和解程序的问题，《会议纪要》起草过程中有意见认为，无论是基于实践中已有成功案例，还是从鼓励拯救债务人的角度出发，都应当允许债务人被宣告破产后，在一定条件下能够再行转入重整或和解程序。《会议纪要》对此未予采纳，主要理由为：一是因为企业破产法没有规定破产宣告后的程序转换，而是在允许由清算程序转入重整或和解程序的条文中，明确限定应在破产宣告前进行；二是在企业破产法上述规定内，相关主体应当充分利用破产受理后至宣告破产前的期间，积极对债务人进行挽救，如果仍允许在破产宣告后转入重整或和解程序，在一定程度上也会增加程序适用的不确定性，加大债权人通过破产清算程序获得清偿的成本。故《会议纪要》第24条没有突破法律规定，限定了债务人被宣告破产后的程序转换，以明确三类破产程序的适用阶段及其程序的稳定性。

（三）规范担保权人权利的行使与限制

严格来说，破产程序中的担保权人既包括以债务人特定财产设定担保的债权人，也包括以第三人特定财产设定担保的债权人，由于后者行使权利的财产不属于破产财产范围，不以破产程序约束为必要，故《会议纪要》所指担保权人仅指对债务人的特定财产享有担保权的权利人。上述担保权人在破产程序中应当如何行使权利以及对其权利如何保护，是一个在理论和实践中都相当有争议并具研究价值的问题。破产程序中的担保权人以破产程序开始前对债务人特定财产成立担保物权为基础，是物权法、担保法等有关担保权利优先性和排他性效力在破产法上的延伸和认同，因此，在理论上，其可不受破产程序的约束，优于其他债权人单独、及时受偿，以确保担保物权本身立法目的和制度价值得到实现。正如有学者指出，如果在债务人破产即丧失清偿能力最为严重时优先受偿权反而受到限制，则违背了立法之宗旨及当事人设立担保的本意。[①]但是出于保障对企业进行挽救的需要，担保权人权利的行使仍然要受到重整程序的适当限制。此外，出于程序设计需要和立法目标，企业破产法第九十六条规定，和解程序中担保权人权利行使不受限制。

实践中，争议比较大的是破产清算程序中担保权人能否随时行使优先受偿权的问题。根据企业破产法第一百零九条的规定，对破产人的特定财产享有担

① 李永军、王欣新、邹海林、徐阳光：《破产法》，中国政法大学出版社2017年版，第126页。

保权的权利人，对该特定财产享有优先受偿的权利。对此，主张担保权人行使优先受偿权仍应受到破产清算程序约束的理由主要是，根据企业破产法的规定，担保财产也属于债务人财产或破产财产，即便是没有放弃优先受偿权的担保债权人，也有权对管理人制定的财产管理方案、变价方案进行表决，这意味着担保财产应当由管理人统一进行管理和变价。此外，企业破产法还规定了破产财产整体处置的原则，因此企业破产法第一百零九条规定的优先受偿权仅指担保权人对变现价款享有优先受偿权。

主张担保权人可不受破产清算程序限制随时行使权利的观点认为：第一，担保权人优先受偿权不限于就变现价款的优先受偿权，还应包括对担保财产实现的权利即变现权，[①] 在破产程序中确保担保权人优先受偿的权利，是各国破产法普遍接受的一项原则；第二，企业破产法规定重整程序中担保权暂停行使，但对清算程序中担保权的行使没有限制，如果担保物权的行使也要受到债权人会议表决程序的制约，将大大延缓破产程序的推进，从而使当前本已经非常突出的破产案件审理程序冗长的问题更加突出；第三，在大力推进破产财产网络司法拍卖的情况下，主要担保财产是通过公开、公平、公正和完全竞争的方式进行处置，可以衡平保护担保债权人和普通债权人的利益。

对此，《会议纪要》采纳了后一种观点，并针对实践中不仅存在担保权人任意行使优先受偿权，导致财产分离处置降低整体处置效益，损害普通债权人受偿权的情形，也经常发生普通债权人利用债权人会议决议阻却、破坏担保权人优先受偿的现象，在《会议纪要》第25条规定，在破产清算程序中，担保权人可以随时向管理人主张就该特定财产变价处置行使优先受偿权为原则，单独处置担保财产会降低其他破产财产的价值而应整体处置为例外，从而依法平衡保护担保权人与普通债权人的利益。

（四）鼓励建立案件繁简分流审理机制，完善破产财产处置分配规则

一是鼓励建立案件繁简分流审理机制。破产案件作为非诉性的债权债务清理程序，在保障债权人获得公平清偿、实现对债务人挽救的同时，破产程序能否获得高效的运行亦是破产法追求的重要目标，反映了破产制度降低其自身运转成本，提升程序效益，实现程序公正与效率的统一，更好地维护相关主体利

① 李永军、王欣新、邹海林、徐阳光：《破产法》，中国政法大学出版社2017年版，第128页。

益的内在要求。目前，我国企业破产法未规定破产案件简易审理制度，所有破产案件均适用统一的破产程序规定，对于那些债务人财产较少、债权债务关系相对简单、处理难度不大的案件，如果仍按照一般的普通破产程序处理，在一定程度上会造成审理周期冗长，不但浪费司法资源，也导致债权人利益不能得到及时实现，消减了债权人申请破产的积极性。

从国外立法情况看，设立破产案件的简易审理程序已是普遍做法，如德国、英国、日本、瑞士、美国等国的破产制度中均对破产简易审理程序作出了规定。在我国的司法实践中，一些法院也对简易破产案件的快速审理机制作出有益探索。对此，《会议纪要》第 29 条在总结实践经验的基础上，明确鼓励以确保程序正当性为前提，建立破产案件审理繁简分流机制，对于债权债务关系明确、债务人财产状况清楚的破产案件，可以在现有法律制度框架内加快审理进程，简化程序流程节点，提升破产案件审理效率，促进相关主体利益的尽快实现。

二是完善破产财产处置分配规则。破产清算程序的目的在于通过变价债务人财产并将其最终分配给债权人，以尽可能地满足债权人的清偿要求，因此，处置破产财产应当采取对全体债权人最为有利的财产变价方式，并以提高处置价格为目标。根据企业破产法第一百一十二条和第一百一十四条的规定，破产财产的变价出售以拍卖为原则，分配以货币分配为原则，目的在于确保破产财产变价和分配的公正、公平。但当破产财产拍卖所得不足以支付拍卖费用或拍卖不成的，为了节省成本、提升效率，《会议纪要》第 26 条规定，可以采取作价变卖的方式对破产财产进行变价，或者进行非金钱的实物分配。由于破产财产如何变价分配直接影响债权人的受偿利益，故《会议纪要》要求此时应当以债权人会议的决议为条件，即财产变价或分配方案应对作价变卖和实物分配的范围和具体办法作出规定。为避免债权人会议不能通过上述变价或实物分配方案而导致程序拖延，该条亦基于企业破产法有关债权人会议职权的规定，赋予法院在债权人会议表决无法通过上述方案的情况下及时裁定的权力，确保破产程序的有序推进。

此外，针对网络拍卖这一利用互联网平台处置破产财产的新型方式，由于具有处置费用低、程序公开透明、询价充分、溢价率高等优势，《会议纪要》第 26 条在明确破产财产处置价值最大化的原则下，对包括网络拍卖在内的多种处置方式和渠道予以鼓励，以提升程序效率和破产财产处置价格。

（五）完善破产分配顺序和原则

破产分配是管理人将变价后或无法变价的破产财产依照法定清偿顺位公平分配给各请求权人的行为和程序，其中，破产分配顺序是破产分配要解决的主要问题之一。企业破产法第一百一十三条规定了破产分配顺位和分配原则，但比较原则，不能涵盖所有的请求权类型。对此，《会议纪要》第27条和第28条在尊重权利人破产程序开始前的地位及其差异性的基础上，根据破产清算程序对财产和损失的公平分配和分担原则，对破产分配顺序和原则予以补充完善，从而达到依法公正保护各方主体利益的目标。

一是继续完善对职工权益的保护。在企业破产清算的情况下，妥善安置好职工仍然是维护社会稳定工作的重要内容。对职工工资等劳动债权的特殊保护，体现了国家法律以人为本的价值追求，通过对职工的基本劳动收入优先保护，保障职工的生存权利。《会议纪要》鼓励对属于工资构成的职工劳动收入优先予以保护，并基于国内外欠薪保障制度的成功经验，鼓励推进完善欠薪保障机制，解决企业破产情形下的欠薪保障问题。人民法院在处理涉及职工权益的争议时，要严格按照企业破产法和有关法规及国家政策，依法保护职工债权的实现。

二是完善没有明确规定清偿顺序的债权清偿顺位和清偿原则。首先，对于侵权行为造成的人身损害赔偿，从人身权益优于财产性权益的角度出发，赋予其优先顺位。其次，根据法律的一般原理，违法行为发生后，法律的首要目的是恢复原状，然后才涉及对侵害人进行惩罚的问题，因此，《会议纪要》确定了补偿性债权优于惩罚性债权的原则，并且规定在债务人需要承担民事惩罚性赔偿金、行政罚款、刑事罚金，其财产不足以同时支付时，首先应当清偿普通债权人，在其财产还有剩余的情况下，再用剩余的财产缴纳民事惩罚性赔偿金、行政罚款、刑事罚金。《会议纪要》作出上述指引性的原则规定，符合民法总则关于责任聚合的一般法理，具有较强的针对性和指导性，未涉及的债权清偿顺序问题也有待于进一步探索和完善。

（六）明确破产清算程序的终结和后果

破产清算程序的终结，是指清算程序中发生终结清算程序的法定原因时，由法院裁定结束清算程序。根据企业破产法的规定，破产清算程序终结的具体情形包括：破产财产最终分配完毕、破产人无财产可供分配、债务人财产不足以清偿破产费用、破产程序中自行和解、免于破产宣告。上述情形均是基于债务人财产情况、债权人债权的清偿状态，而使继续进行清算程序已无必要。由于破产程序终结后具有不可逆性，不得以任何理由恢复已终结的破产程序，依照破产程序变价处理的破产财产，产生法律上处分财产的确定效力，依照破产程序所受分配，亦产生法律上保有分配利益的确定效力，[①] 因此，《会议纪要》第30条强调，破产清算程序的终结应当符合上述法律规定，并以查明债务人财产状况、明确破产财产分配方案、确保破产债权人获得依法清偿为基础，以避免在不符合终结条件的情况下仓促结案，或将破产程序比照执行程序采取所谓终结本次破产程序的错误做法。另外，针对企业破产法第四十三条第四款规定的终结情形未明确是否应先宣告破产的问题，基于破产宣告的法律意义，《会议纪要》明确此种情形下应首先宣告破产，并可同时裁定终结破产程序，以减少不必要的程序空转。

破产清算程序终结后，除了产生破产企业法人地位终止、管理人终止执行职务的法律效果外，债权人未受偿的债权继续有效。

首先，根据企业破产法第一百二十三条的规定，自破产清算程序终结之日起2年内，发现可供分配的破产财产的，债权人可以请求法院按照破产财产分配方案进行追偿。实践中，对于超过2年后发现的破产财产能否追加分配存在争议。我们认为，企业破产法规定的2年为除斥期间，不得延长或中止，如果允许2年后仍可追加分配，虽然有利于债权人利益的保护，但不利于交易安全，更会造成追加分配的不可预知性和程序的复杂性；如果允许债权人追回后用于自身债权的清偿，不仅会助长个别债权人的追讨行为，加剧程序的不稳定性，而且也容易产生破产人与个别债权人相互串通的道德风险。因此，《会议纪要》对于破产清算程序终结2年后的追加分配分配问题未予补充规定，以确保程序终结后法律关系的稳定性，督促管理人在破产程序中穷尽一切手段去追收债务人的财产。

其次，根据企业破产法第一百二十四条的规定，破产清算程序终结后，破产人的保证人和其他连带债务人，对债权人依照破产清算程序未受清偿的债权

① 李永军、王欣新、邹海林、徐阳光：《破产法》，中国政法大学出版社2017年版，第276页。

依法继续承担责任。由于企业破产法未限制债权人在主债务人进入破产程序时向保证人主张保证责任，故实践中，债权人向主债务人申报债权并同时诉请保证人承担责任的情形较多，此时债权人提出的保证责任诉讼程序上应当如何处理、保证人承担保证责任后如何实现对破产主债务人的求偿，都是理论和实践中争议较大的问题。根据最高人民法院对《关于担保期间债权人向保证人主张权利的方式及程序问题的请示》的答复（〔2002〕民二他字第32号），破产程序进行中，人民法院受理债权人对保证人提起的保证责任纠纷诉讼后，可以采取中止审理或径行判决两种处理方式。由于上述处理方式最终都需等待破产程序确定债权人受偿份额，故即便直接判决保证人承担责任，通常也要等待破产程序终结后才能执行，尤其是如果破产程序审理周期较长的，会导致债权人的保证担保利益得不到及时实现。实际上，根据企业破产法第五十一条的规定，保证人承担责任后可以其对债务人的求偿权申报债权，如果之前债权人已经申报全部或部分债权的，保证人亦可通过申请转付相应清偿份额的方式行使求偿权。因此，《会议纪要》基于保证制度所应有的债权保障功能，将保障债权人利益的及时实现作为出发点，结合破产程序中有关保证人申报债权的相关规定，明确了破产程序终结前，已向债权人承担了保证责任的保证人，可通过申请转付相应清偿份额的方式，理顺保证人承担责任与求偿权之间的程序关系，并避免债权人获得双重受偿。此外，根据企业破产法第九十四条和第一百零六条的规定，为了避免存在保证担保的破产债权比其他破产债权获得更多比例的清偿，从而违反破产法同类债权平等清偿的原则，《会议纪要》亦明确了保证人承担保证责任后，不得向重整计划或和解协议执行完毕后的债务人追偿。

二、关于关联企业破产制度的探索与完善

（一）关联企业破产案件的审理原则

关联企业破产已经成为当前破产审判实践中亟待解决的一大难题。关联企业一方面为了发展需要，相互之间时常进行资金调剂、担保和业务合作，另一方面也存在利用关联关系转移资产、逃避债务等不法行为的可能。关联企业之间存在的非正当关联行为，使得关联企业成员法律责任的独立性与公司经营的非独立性之间产生了尖锐矛盾，打破了法人人格独立制度所维系的公司、股

东、债权人以及其他利害关系人之间的利益平衡，这在关联企业破产时尤为突出。

近年来，随着关联企业破产案件日益增多，如何处理此类案件，以公平保护债权人利益，有效化解社会矛盾，维护市场应有秩序，已成为实务界和理论界共同面对的重要课题。实践中，部分法院通过借鉴域外实质合并规则对关联企业破产案件进行处理，取得了比较好的效果，但也存在实质合并规则的适用标准不统一等问题，且理论和实践中对于此种处理方式亦存在质疑。对此，《会议纪要》第六部分明确了关联企业破产案件的审理原则，即人民法院审理关联企业合并破产案件时要立足于破产关联企业之间的具体关系模式，采取不同方式予以处理。既要通过实质合并原则纠正法人人格高度混同的关联关系，确保全体债权人的公平清偿利益，也要避免不当适用实质合并原则损害相关利益主体的合法权益，依法妥善审理好关联企业破产案件，公平维护各方利益。

（二）实质合并规则的适用条件

目前，实质合并规则在我国实践中虽然被广泛应用，但有关实体制度、程序设计和监督制度尚不完善。我们认为，实质合并规则虽然有助于公平保护关联债权人的利益，有利于防范破产欺诈行为，提升破产效率和降低案件处理成本，但其毕竟属于对企业法人独立人格的极端否定，并可能导致部分关联债权人的清偿比例因合并而降低的情形，故《会议纪要》第32条要求审慎适用这一规则。

首先，实质合并规则仅在关联企业成员法人人格存在高度混同、区分各自财产的成本过于高昂、严重损害债权人利益的情况下，才可例外适用。其次，对于不当利用关联关系损害债权人利益的行为，现有破产法上的撤销权制度、无效行为制度以及公司法上的法人人格否认制度等均在一定程度提供了救济，因此，对于个别关联交易或不当关联关系能够通过上述制度予以纠正的，应当优先在现有制度框架内解决。再次，企业之间的关联关系日益呈现出复杂性和多样性，针对不符合实质合并规则适用条件的关联企业破产案件，从促进企业集团整体债务危机的解决、提升资产整体处置效益等目标考虑，在保持法人人格独立性的基础上，可以积极探索对关联企业破产案件集中审理或协调审理的方式，以促进破产程序公平高效进行。

（三）实质合并申请的审查与监督

人民法院对实质合并申请的审查，包括人民法院审查的程序方式和具体内容。就审查程序而言，由于实质合并规则的适用将对关联企业成员及部分债权人的利益产生重要影响，因此，基于破产程序的正当性要求以及权利保障的原则，《会议纪要》第33条要求法院在接到实质合并的申请后，应将申请事由及时通知被申请合并的关联企业及其出资人、已知债权人等利害关系人，并对外发布公告。该关联企业或利害关系人有权提出异议，法院应该组织相关人员进行听证，由申请人与异议人就是否应当适用实质合并规则提供证据并各自进行陈述，法院在此基础上对实质合并规则的适用条件进行实质审查并作出裁定。

关于法院审查的具体内容，一方面要审查适用实质合并破产的关联企业是否具有企业破产法第二条规定的破产原因，即关联企业成员应当分别或在整体上达到破产界限，另一方面，法院要对实质合并规则的适用条件进行审查，包括适用的主体资格、产生关联关系的具体行为方式、滥用关联关系导致的损害结果等内容。法院在审查时应当结合关联企业之间的利益关系，根据资产混同程度等法人人格混同的情形是否具有显著性、广泛性、持续性，实质合并规则的适用是否有助于债权人整体清偿水平的提升、增加重整成功几率等因素，综合进行判断。

由于对关联企业破产进行实质合并审理属于破产程序中的重要事项，因此，《会议纪要》要求法院无论是否进行实质合并审理，均应当以裁定的方式作出。对于法院裁定不受理实质合并破产的，参照企业破产法第十二条的规定，申请人可以提起上诉；对于法院裁定受理实质合并破产的，鉴于企业破产法没有规定对受理裁定的上诉程序，《会议纪要》亦不宜作出审级上的规定，但考虑该裁定对相关主体权利有重大影响，故《会议纪要》赋予相关主体向上一级法院申请复议的权利，最大程度兼顾当事人权利保护、程序效率、上一级法院监督三者的平衡。

（四）关联企业破产案件的管辖原则

根据《会议纪要》的规定，关联企业破产案件的审理应当根据关联关系的不同程度和模式，区别适用实质合并规则或协调审理的原则。对于适用实质合并规则审理的，《会议纪要》第35条规定，由关联企业中的核心控制企业所在地法院管辖。这主要是由于核心控制企业往往集中了关联企业的主要资产，并处于决策控制的最高层，由其所在地法院审理，有利于确保案件的审理效率、减少程序费用。如果无法识别或确认核心控制企业的，基于上述管辖原则，《会议纪要》规定由企业主要财产所在地法院管辖。由于关联企业关系复杂，如果多个法院之间对管辖权产生争议的，根据民事诉讼法第三十七条第二款的规定，在协商解决不了的情况下，应当报请共同的上级法院指定管辖。

协调审理主要适用于具备破产原因的多个关联企业之间，不存在法人人格高度混同等情形时，根据《会议纪要》第38条的规定，此时不得以程序便利为由适用实质合并规则进行审理，但可以通过程序协调的方式进行处理。具体的协调方式包括但不限于各受理法院和管理人之间建立有效的沟通和信息披露机制，协调债权申报和债权人会议召开的时间、财产处置案件审理进程等程序事项，从而提升破产案件的处理效率，减少破产费用，增加重整成功几率。此外，出于程序协调便利的考虑，受理法院可以综合考虑破产申请的先后顺序、成员负债规模大小、核心控制企业住所地等因素，按照民事诉讼法及其司法解释的规定，申请由上级法院指定一家法院集中管辖。

（五）关联企业破产审理的法律后果

实质合并规则以企业主体理论为主要理论基础，即认为如果关联企业之间关联关系足够密切，存在法人人格高度混同等情形，则应当将其作为一个整体来处理，从而实现整体上的公平和程序上的效率，因此，各关联企业成员的财产应当合并作为破产财产，各成员之间的债权债务由于主体合并而归于消灭，各成员的债权人以合并后资产按照法定顺序公平受偿。采用实质合并方式进行重整的，重整计划草案中应当制定统一的债权分类、债权调整和债权受偿方案，实现对债权债务清偿、经营方案制定、出资权益调整等事项的统一处理。就法律后果而言，适用实质合并规则进行破产清算的，由于破产清算的后果是企业债务人主体消灭，故破产清算程序终结后各关联企业成员均应予以注销；适用实质合并规则进行和解或重整的，基于关联企业经济上的整体性，原则上应当合并为一个企业；如果确有需要保持个别企业独立的，独立企业在实质和程序上应当符合法人人格独立的要求。

通过协调审理方式处理关联企业破产案件的，由于并未改变各关联企业成员法人人格的独立性，故其各自的债权债务关系、破产财产、债权人受偿比例等均应单独处理。此外，《会议纪要》借鉴衡平居次规则，对于关联企业之间不当利用关联关系形成的债权，尤其是对子公司有不当行为的母公司债权，规定应当劣后于其他普通债权顺序清偿，并据此否定其就其他关联企业所提供特定财产的优先受偿权。

对于关联企业破产问题的处理，既要考虑依法规制关联企业滥用关联关系、损害债权人利益和维护市场诚信的法治要求，也要兼顾保护企业发展的积极性、维护交易安全、促进关联企业发展的国情需要。各级人民法院要继续总结经验，规范和完善关联企业破产相关制度，充分发挥破产审判功能，服务经济高质量发展。

三、执行程序与破产程序衔接的困难与应对

（一）执行转破产制度的意义与价值

执行转破产制度由2015年《最高人民法院关于适用〈中华人民共和国民事诉讼法〉的解释》（以下简称《民诉法解释》）所确立，2017年1月《最高人民法院关于执行案件移送破产审查若干问题的指导意见》（以下简称《指导意见》）予以较为系统地规定。该制度的设立与完善，主要考虑了如下几方面的因素。

1. 助力根本解决执行难。大量执行积案的存在是执行难的一个典型表现形式，其中相当一部分是被执行人为企业法人的案件。解决执行难，必须让确已无力清偿到期债务的企业法人通过破产程序尽快退出市场。对于执行转破产的制度价值，要从根本解决执行难的战略高度来认识与把握。

2. 缓解企业破产启动难。破产审判工作无论是对于供给侧结构改革、僵尸企业清理，还是市场主体退出机制理顺、现代市场体系完善，都具有不可替代的保障与促进功能，但是破产制度在实践中运行并不理想，执行程序中参与分配制度对于企业法人的扩大适用是导致破产制度运行不畅的重要因素之一。《民诉法解释》建立了执行转破产制度，同时明确排除参与分配制度对于企业法人的适用，目的在于通过对企业法人的执行适用按照查封顺序清偿债权规则，倒逼相关权利主体申请破产，或者同意执行移送破产。

3. 强制破产制度的替代。建立强制破产或者职权移送破产制度，能够更好地实现上述解决执行难与缓解破产启动难目的，但由于企业破产法规定企业

法人的破产原则上只能有由债权人或债务人申请，该方案遇到现行法律的制约。为了恪守企业破产法的规定，《民诉法解释》最终作了目前的程序设计，即规定了先通过征得当事人同意再将执行案件移送破产的方式，来推动符合条件的案件进入破产程序。执行难与破产难是特定历史时期的产物，终究会随着相关制度的完善与整体意识的提升而解决。相应地，执行转破产也是一个过渡性、补充性的制度安排，但该制度在我国当下具有不可替代的重要作用。只要执行法院发挥主动性，做好征询、解释工作，并履行当事人同意后的及时移送义务，促进符合条件的案件进入破产程序，就能够最大程度地实现这一制度价值。

目前，对于执行转破产制度的意义，大家的认识并不统一。进一步深化各级法院对制度价值的认识，强调制度适用的基本要求，仍然是推动此项工作面临的首要任务。《会议纪要》“执行程序与破产程序的衔接”部分首先对此项工作的重要意义进行了强调。

（二）执行转破产程序衔接的规范

执行转破产制度的运行，涉及执行与审判两个部门，程序的衔接尤其重要。《民诉法解释》与《指导意见》对于程序衔接问题已经作了较为细致的规定，但是实践中还是屡生争议。纪要第40条、第41条对执行法院的审查告知义务、移送职责及执行法院与受移送法院之间的移送接收等关键程序节点予以规范。该部分需要注意以下几个问题：

第一，执行法院应注意征询后顺位查封普通债权人、劳动债权人的意见。根据《民诉法解释》第五百一十六条的规定，对于具备破产资格的企业法人，执行程序中应按照查封顺序来确定普通债权的受偿顺序。与之相比，破产程序中的普通债权按比例受偿规则对后顺位查封的普通债权人更具吸引力。企业破产法将劳动债权列为优先受偿的顺位，执行程序对此并无明确规定，因此破产程序对劳动债权人也更有优势。此外，尚未取得执行依据的债权人不属于执行程序的当事人，根据规定执行法院无法直接征询其意见，但如其申请进入执行程序参与分配财产，则应当在驳回申请的同时，告知其可以申请破产。

第二，关于执行法院需要释明法律后果的内容。执行法院需要释明的法律内容主要包括两方面：一是如不能进入破产程序，执行中就要适用《民诉法解释》第516条按查封顺序清偿债权的规则；二是进入破产程序后的债权受偿顺位规则、股东出资义务的加速到期等规则。

第三，关于执破衔接专门机构的设置问题。目前，有些地方法院成立了执破衔接专门机构，并在工作中发挥了一定的作用。《会议纪要》建议稿也曾借鉴该经验，尝试规定相关内容。讨论中，大家认为各地情况差异较大，且专门机构设置并非当前关键问题，不宜统一规定。《会议纪要》最终采纳了该意见。

（三）查封移转与争议处理

根据企业破产法与《指导意见》的相关规定，法院受理破产案件后，诉讼程序与执行程序中对债务人财产采取的查封、扣押、冻结措施应予解除，控制的财产应向破产受理法院移交。但实践中，因查封措施衔接引发的问题仍非常突出，《会议纪要》第42条对此予以回应。本条文适用中应注意以下问题：

第一，适用范围。虽然本条文在执行程序与破产程序衔接部分予以规定，但其适用于全部破产案件。只要法院受理的破产案件存在诉讼查封或者执行查封情形，均应适用本条文的规则。

第二，查封措施衔接的两种方式。现行法律规定，破产案件受理后，查封法院应解除针对债务人财产的查封措施并移交控制的财产，这是查封措施在执行与破产程序之间衔接的主要方式。实践中，在执行法院与破产受理法院为同一法院的情况下，为了减少查封程序的重复适用，避免查封衔接的繁琐与风险，有时也采用直接保留执行查封、不予变更查封手续的做法。本条文吸收该经验，增加规定了不解除查封、直接将查封财产处置权移转给破产受理法院的查封衔接方式。

第三，移送查封财产处置权的具体操作。借鉴执行程序中的做法，查封财产处置权移转的通常流程为：首先，破产受理法院发函要求查封法院将查封财产处置权移送；然后，查封法院不解除查封，出具移送执行函，将查封财产的处置权转移给破产受理法院，破产受理法院凭上述移送执行函实现对查封财产的处置。这种做法在执行程序中广泛存在。具体的程序衔接，可以参照《最高人民法院关于首先查封法院与优先债权执行法院处分查封财产有关问题的批复》的相关内容予以处理。

第四，诉讼与执行程序中的查封措施能否直接转化为破产程序中查封的问题。讨论中有人提出，可以借鉴诉讼查封自动转为执行查封的原理，规定破产案件受理后，诉讼查封与执行查封直接转化为破产受理法院的查封。但是一方面，执破程序转换与诉执程序转换在性质上并不相同。诉讼程序与执行程序是司法链条上前后承继的两个环节，诉执程序转换后通常不会发生逆转；执行程序与破产程序在司法链条上兼有并列与前后承继的双重关系，执破程序转换是从个别执行到概括执行的转化，是执行方式或者说权利实现方式的变更，如果破产程序受阻，还有恢复到执行程序的可能。另一方面，由于审判实践中难以避免主客场的问题，既存在执行法院该移送不移送的案例，也存在利用虚假破产来保护地方企业的情况，如果采用诉讼查封与执行查封直接转换为破产查封的方式，可能会导致查封秩序的混乱，进而破坏司法的权威。《会议纪要》最终未采纳该建议。

第五，争议的处理。实践中，破产受理法院与执行法院就查封衔接问题时常发生争议，如果不能通过协商沟通有效解决，可以根据《会议纪要》第 42 条第 2 款规定请求上级法院的破产审判庭与执行机构沟通协调。对于执行法院应当解除查封而拒不解除的情形，上级法院应依法予以纠正。

（四）信息系统的共享与联通

近几年，人民法院信息化建设成效显著，系统功能逐步完善。借助信息化建设的成果，能有效推动破产工作的顺利开展。《会议纪要》第 43 条对执行与破产程序的信息共享与系统联通问题予以规定。

本条包括两方面内容：一是破产受理法院利用执行查控系统的问题。执行程序中，通过“总对总”“点对点”两个执行查控系统能迅速而广泛地查找被执行人的财产，但破产程序中利用执行查控系统存在一定障碍。针对实践中的问题，最高人民法院周强院长在今年 4 月份给全国法院执行转破产工作推进会的批示中，站在推进执行转破产工作、打赢“基本解决执行难”这场硬仗的高度，再次强调了要加快实现执行与破产审判的无缝对接和资源共享。由于执行和破产并无本质区别，只不过一个是个别执行，一个是概括执行，因此信息资源上完全可以整合，以提高资源利用效率，避免重复建设。《会议纪要》第 43 条回应实践需要，明确规定了破产受理法院对于执行查控系统的使用权限和执行部门的配合义务。目前，最高人民法院民二庭、执行局、信息中心等部门正在共同研究为破产案件开通“总对总”执行查控系统过程中的具体问题。二是执行转破产案件的网上移送问题。案件通过网上移送效率高，责任明确，便于监督管理。《会议纪要》对此作出了明确规定。根据网络化办公的经验，系统功能的完善与人员习惯的培养互为因果，相互促进，实践中信息网络的软硬件建设与办案人员的培训引导应同步进行，缺一不可。

（五）考核与管理

当事人主动申请破产的动力不足，是执行转破产制度创设的直接原因。该制度的直接目的就是通过规定法院的释明与移送等职责与义务，改善当事人动力不足的问题，促进破产程序的启动。法院相关人员尤其是执行人员的工作积极性，对制度运行效果影响显著。通过强化考核与管理，提高法院相关人员的积极性，是促进执行转破产工作的有效手段。《会议纪要》第44条对此予以规定。

本条规定了如下两方面内容。一是考核问题。科学合理的考核机制能够充分发挥指挥棒作用，有效推动工作的开展。《会议纪要》起草过程中，大家对建立考核机制已经达成共识，认为考核机制的理想状态与最终目标是出台一套全国适用的考核指标体系，而且最高人民法院就此项工作已经开始调研。二是管理问题。《会议纪要》还规定要加强日常管理，对于不履行相关职责的行为，要予以公开通报、追究责任。目的在于通过管理与考核的配合，增强法院相关人员的动力，促进执行转破产工作乃至整个破产审判工作的开展。

[部门规章、部门规章性文件与解读]

国务院国有资产监督管理委员会

中央企业违规经营投资责任追究实施办法（试行）

（国务院国有资产监督管理委员会主任办公会议审议通过
2018年7月13日国务院国有资产监督管理委员会令
第37号公布　自2018年8月30日起施行）

第一章　总　则

第一条　为加强和规范中央企业违规经营投资责任追究工作，进一步完善国有资产监督管理制度，落实国有资产保值增值责任，有效防止国有资产流失，根据《中华人民共和国公司法》、《中华人民共和国企业国有资产法》、《企业国有资产监督管理暂行条例》和《国务院办公厅关于建立国有企业违规经营投资责任追究制度的意见》等法律法规和文件，制定本办法。

第二条　本办法所称中央企业是指国务院国有资产监督管理委员会（以下简称国资委）代表国务院履行出资人职责的国家出资企业。

第三条　本办法所称违规经营投资责任追究（以下简称责任追究）是指中央企业经营管理有关人员违反规定，未履行或未正确履行职责，在经营投资中造成国有资产损失或其他严重不良后果，经调查核实和责任认定，对相关责任人进行处理的工作。

前款所称规定，包括国家法律法规、国有资产监管规章制度和企业内部管理规定等。前款所称未履行职责，是指未在规定期限内或正当合理期限内行使职权、承担责任，一般包括不作为、拒绝履行职责、拖延履行职责等；未正确履行职责，是指未按规定以及岗位职责要求，不适当或不完全行使职权、承担责任，一般包括未按程序行使职权、超越职权、滥用职权等。

第四条 责任追究工作应当遵循以下原则：

（一）坚持依法依规问责。以国家法律法规为准绳，按照国有资产监管规章制度和企业内部管理规定等，对违反规定、未履行或未正确履行职责造成国有资产损失或其他严重不良后果的企业经营管理有关人员，严肃追究责任，实行重大决策终身问责。

（二）坚持客观公正定责。贯彻落实“三个区分开来”重要要求，结合企业实际情况，调查核实违规行为的事实、性质及其造成的损失和影响，既考虑量的标准也考虑质的不同，认定相关人员责任，保护企业经营管理有关人员干事创业的积极性，恰当公正地处理相关责任人。

（三）坚持分级分层追责。国资委和中央企业原则上按照国有资本出资关系和干部管理权限，界定责任追究工作职责，分级组织开展责任追究工作，分别对企业不同层级经营管理人员进行追究处理，形成分级分层、有效衔接、上下贯通的责任追究工作体系。

（四）坚持惩治教育和制度建设相结合。在对违规经营投资相关责任人严肃问责的同时，加大典型案例总结和通报力度，加强警示教育，发挥震慑作用，推动中央企业不断完善规章制度，堵塞经营管理漏洞，提高经营管理水平，实现国有资产保值增值。

第五条 在责任追究工作过程中，发现企业经营管理有关人员违纪或职务违法的问题和线索，应当移送相应的纪检监察机构查处；涉嫌犯罪的，应当移送国家监察机关或司法机关查处。

第二章 责任追究范围

第六条 中央企业经营管理有关人员违反规定，未履行或未正确履行职责致使发生本办法第七条至第十七条所列情形，造成国有资产损失或其他严重不良后果的，应当追究相应责任。

第七条 集团管控方面的责任追究情形：

（一）违反规定程序或超越权限决定、批准和组织实施重大经营投资事项，或决定、批准和组织实施的重大经营投资事项违反党和国家方针政策、决策部署以及国家有关规定。

（二）对国家有关集团管控的规定未执行或执行不力，致使发生重大资产损失对生产经营、财务状况产生重大影响。

（三）对集团重大风险隐患、内控缺陷等问题失察，或虽发现但没有及时报告、处理，造成重大资产损失或其他严重不良后果。

（四）所属子企业发生重大违规违纪违法问题，造成重大资产损失且对集团生产经营、财务状况产生重大影响，或造成其他严重不良后果。

（五）对国家有关监管机构就经营投资有关重大问题提出的整改工作要求，拒绝整改、拖延整改等。

第八条 风险管理方面的责任追究情形：

（一）未按规定履行内控及风险管理制度建设职责，导致内控及风险管理制度缺失，内控流程存在重大缺陷。

（二）内控及风险管理制度未执行或执行不力，对经营投资重大风险未能及时分析、识别、评估、预警、应对和报告。

（三）未按规定对企业规章制度、经济合同和重要决策等进行法律审核。

（四）未执行国有资产监管有关规定，过度负债导致债务危机，危及企业持续经营。

（五）恶意逃废金融债务。

（六）瞒报、漏报、谎报或迟报重大风险及风险损失事件，指使编制虚假财务报告，企业账实严重不符。

第九条 购销管理方面的责任追究情形：

（一）未按规定订立、履行合同，未履行或未正确履行职责致使合同标的价格明显不公允。

（二）未正确履行合同，或无正当理由放弃应得合同权益。

（三）违反规定开展融资性贸易业务或“空转”“走单”等虚假贸易业务。

（四）违反规定利用关联交易输送利益。

（五）未按规定进行招标或未执行招标结果。

（六）违反规定提供赊销信用、资质、担保或预付款项，利用业务预付或物资交易等方式变相融资或投资。

（七）违反规定开展商品期货、期权等衍生业务。

（八）未按规定对应收款项及时追索或采取有效保全措施。

第十条 工程承包建设方面的责任追究情形：

（一）未按规定对合同标的进行调查论证或风险分析。

（二）未按规定履行决策和审批程序，或未经授权和超越授权投标。

（三）违反规定，无合理商业理由以低于成本的报价中标。

（四）未按规定履行决策和审批程序，擅自签订或变更合同。

（五）未按规定程序对合同约定进行严格审查，存在重大疏漏。

（六）工程以及与工程建设有关的货物、服务未按规定招标或规避招标。

（七）违反规定分包等。

（八）违反合同约定超计价、超进度付款。

第十一条 资金管理方面的责任追究情形：

（一）违反决策和审批程序或超越权限筹集和使用资金。

（二）违反规定以个人名义留存资金、收支结算、开立银行账户等。

（三）设立“小金库”。

（四）违反规定集资、发行股票或债券、捐赠、担保、委托理财、拆借资金或开立信用证、办理银行票据等。

（五）虚列支出套取资金。

（六）违反规定超发、滥发职工薪酬福利。

（七）因财务内控缺失或未按照财务内控制度执行，发生资金挪用、侵占、盗取、欺诈等。

第十二条 转让产权、上市公司股权、资产等方面的责任追究情形：

（一）未按规定履行决策和审批程序或超越授权范围转让。

（二）财务审计和资产评估违反相关规定。

（三）隐匿应当纳入审计、评估范围的资产，组织提供和披露虚假信息，授意、指使中介机构出具虚假财务审计、资产评估鉴证结果及法律意见书等。

（四）未按相关规定执行回避制度。

（五）违反相关规定和公开公平交易原则，低价转让企业产权、上市公司股权和资产等。

（六）未按规定进场交易。

第十三条 固定资产投资方面的责任追究情形：

（一）未按规定进行可行性研究或风险分析。

（二）项目概算未按规定进行审查，严重偏离实际。

（三）未按规定履行决策和审批程序擅自投资。

（四）购建项目未按规定招标，干预、规避或操纵招标。

（五）外部环境和项目本身情况发生重大变化，未按规定及时调整投资方案并采取止损措施。

（六）擅自变更工程设计、建设内容和追加投资等。

（七）项目管理混乱，致使建设严重拖期、成本明显高于同类项目。

（八）违反规定开展列入负面清单的投资项目。

第十四条 投资并购方面的责任追究情形：

（一）未按规定开展尽职调查，或尽职调查未进行风险分析等，存在重大疏漏。

（二）财务审计、资产评估或估值违反相关规定。

（三）投资并购过程中授意、指使中介机构或有关单位出具虚假报告。

（四）未按规定履行决策和审批程序，决策未充分考虑重大风险因素，未制定风险防范预案。

（五）违反规定以各种形式为其他合资合作方提供垫资，或通过高溢价并购等手段向关联方输送利益。

（六）投资合同、协议及标的企业公司章程等法律文件中存在有损国有权益的条款，致使对标的企业管理失控。

（七）违反合同约定提前支付并购价款。

（八）投资并购后未按有关工作方案开展整合，致使对标的企业管理失控。

（九）投资参股后未行使相应股东权利，发生重大变化未及时采取止损措施。

（十）违反规定开展列入负面清单的投资项目。

第十五条 改组改制方面的责任追究情形：

（一）未按规定履行决策和审批程序。

（二）未按规定组织开展清产核资、财务审计和资产评估。

（三）故意转移、隐匿国有资产或向中介机构提供虚假信息，授意、指使中介机构出具虚假清产核资、财务审计与资产评估等鉴证结果。

（四）将国有资产以明显不公允低价折股、出售或无偿分给其他单位或个人。

（五）在发展混合所有制经济、实施员工持股计划、破产重整或清算等改组改制过程中，违反规定，导致发生变相套取、私分国有资产。

（六）未按规定收取国有资产转让价款。

（七）改制后的公司章程等法律文件中存在有损国有权益的条款。

第十六条 境外经营投资方面的责任追究情形：

（一）未按规定建立企业境外投资管理相关制度，导致境外投资管控缺失。

（二）开展列入负面清单禁止类的境外投资项目。

（三）违反规定从事非主业投资或开展列入负面清单特别监管类的境外投资项目。

（四）未按规定进行风险评估并采取有效风险防控措施对外投资或承揽境外项目。

（五）违反规定采取不当经营行为，以及不顾成本和代价进行恶性竞争。

（六）违反本章其他有关规定或存在国家明令禁止的其他境外经营投资行为的。

第十七条 其他违反规定，未履行或未正确履行职责造成国有资产损失或其他严重不良后果的责任追究情形。

第三章　资产损失认定

第十八条 对中央企业违规经营投资造成的资产损失，在调查核实的基础上，依据有关规定认定资产损失金额，以及对企业、国家和社会等造成的影响。

第十九条 资产损失包括直接损失和间接损失。直接损失是与相关人员行为有直接因果关系的损失金额及影响；间接损失是由相关人员行为引发或导致的，除直接损失外、能够确认计量的其他损失金额及影响。

第二十条 中央企业违规经营投资资产损失500万元以下为一般资产损失，500万元以上5000万元以下为较大资产损失，5000万元以上为重大资产损失。涉及违纪违法和犯罪行为查处的损失标准，遵照相关党内法规和国家法律法规的规定执行。

前款所称的“以上”包括本数，所称的“以下”不包括本数。

第二十一条 资产损失金额及影响，可根据司法、行政机关等依法出具的书面文件，具有相应资质的会计师事务所、资产评估机构、律师事务所、专业技术鉴定机构等专业机构出具的专项审计、评估或鉴证报告，以及企业内部证明材料等，进行综合研判认定。

第二十二条 相关违规经营投资虽尚未形成事实资产损失，但确有证据证明资产损失在可预见未来将发生，且能可靠计量资产损失金额的，经中介机构评估可以认定为或有损失，计入资产损失。

第四章 责任认定

第二十三条 中央企业经营管理有关人员任职期间违反规定，未履行或未正确履行职责造成国有资产损失或其他严重不良后果的，应当追究其相应责任。违规经营投资责任根据工作职责划分为直接责任、主管责任和领导责任。

第二十四条 直接责任是指相关人员在其工作职责范围内，违反规定，未履行或未正确履行职责，对造成的资产损失或其他严重不良后果起决定性直接作用时应当承担的责任。

企业负责人存在以下情形的，应当承担直接责任：

（一）本人或与他人共同违反国家法律法规、国有资产监管规章制度和企业内部管理规定。

（二）授意、指使、强令、纵容、包庇下属人员违反国家法律法规、国有资产监管规章制度和企业内部管理规定。

（三）未经规定程序或超越权限，直接决定、批准、组织实施重大经济事项。

（四）主持相关会议讨论或以其他方式研究时，在多数人不同意的情况下，直接决定、批准、组织实施重大经济事项。

（五）将按有关法律法规制度应作为第一责任人（总负责）的事项、签订的有关目标责任事项或应当履行的其他重要职责，授权（委托）其他领导人员决策且决策不当或决策失误等。

（六）其他应当承担直接责任的行为。

第二十五条 主管责任是指相关人员在其直接主管（分管）工作职责范围内，违反规定，未履行或未正确履行职责，对造成的资产损失或其他严重不良后果应当承担的责任。

第二十六条 领导责任是指企业主要负责人在其工作职责范围内，违反规定，未履行或未正确履行职责，对造成的资产损失或其他严重不良后果应当承担的责任。

第二十七条 中央企业所属子企业违规经营投资致使发生本条第二款、第三款所列情形的，上级企业经营管理有关人员应当承担相应的责任。

上一级企业有关人员应当承担相应责任的情形包括：

（一）发生重大资产损失且对企业生产经营、财务状况产生重大影响的。

（二）多次发生较大、重大资产损失，或造成其他严重不良后果的。

除上一级企业有关人员外，更高层级企业有关人员也应当承担相应责任的情形包括：

（一）发生违规违纪违法问题，造成资产损失金额巨大且危及企业生存发展的。

（二）在一定时期内多家所属子企业连续集中发生重大资产损失，或造成其他严重不良后果的。

第二十八条 中央企业违反规定瞒报、漏报或谎报重大资产损失的，对企业主要负责人和分管负责人比照领导责任和主管责任进行责任认定。

第二十九条 中央企业未按规定和有关工作职责要求组织开展责任追究工作的，对企业负责人及有关人员比照领导责任、主管责任和直接责任进行责任认定。

第三十条 中央企业有关经营决策机构以集体决策形式作出违规经营投资的决策或实施其他违规经营投资的行为，造成资产损失或其他严重不良后果的，应当承担集体责任，有关成员也应当承担相应责任。

第五章 责任追究处理

第三十一条 对相关责任人的处理方式包括组织处理、扣减薪酬、禁入限制、纪律处分、移送国家监察机关或司法机关等，可以单独使用，也可以合并使用。

（一）组织处理。包括批评教育、责令书面检查、通报批评、诫勉、停职、调离工作岗位、降职、改任非领导职务、责令辞职、免职等。

（二）扣减薪酬。扣减和追索绩效年薪或任期激励收入，终止或收回其他中长期激励收益，取消参加中长期激励资格等。

（三）禁入限制。五年直至终身不得担任国有企业董事、监事、高级管理人员。

（四）纪律处分。由相应的纪检监察机构查处。

（五）移送国家监察机关或司法机关处理。依据国家有关法律规定，移送国家监察机关或司法机关查处。

第三十二条 中央企业发生资产损失，经过查证核实和责任认定后，除依据有关规定移送纪检监察机构或司法机关处理外，应当按以下方式处理：

（一）发生一般资产损失的，对直接责任人和主管责任人给予批评教育、责令书面检查、通报批评、诫勉等处理，可以扣减和追索责任认定年度50%以下的绩效年薪。

（二）发生较大资产损失的，对直接责任人和主管责任人给予通报批评、诫勉、停职、调离工作岗位、降职等处理，同时按照以下标准扣减薪酬：扣减和追索责任认定年度50%～100%的绩效年薪、扣减和追索责任认定年度（含）前三年50%～100%的任期激励收入并延期支付绩效年薪，终止尚未行使的其他中长期激励权益、上缴责任认定年度及前一年度的全部中长期激励收益、五年内不得参加企业新的中长期激励。

对领导责任人给予通报批评、诫勉、停职、调离工作岗位等处理，同时按照以下标准扣减薪酬：扣减和追索责任认定年度30%～70%的绩效年薪、扣减和追索责任认定年度（含）前三年30%～70%的任期激励收入并延期支付绩效年薪，终止尚未行使的其他中长期激励权益、三年内不得参加企业新的中长期激励。

（三）发生重大资产损失的，对直接责任人和主管责任人给予降职、改任非领导职务、责令辞职、免职和禁入限制等处理，同时按照以下标准扣减薪酬：扣减和追索责任认定年度100%的绩效年薪、扣减和追索责任认定年度（含）前三年100%的任期激励收入并延期支付绩效年薪，终止尚未行使的其他中长期激励权益、上缴责任认定年度（含）前三年的全部中长期激励收益、不得参加企业新的中长期激励。

对领导责任人给予调离工作岗位、降职、改任非领导职务、责令辞职、免职和禁入限制等处理，同时按照以下标准扣减薪酬：扣减和追索责任认定年度70% ~100%的绩效年薪、扣减和追索责任认定年度（含）前三年70% ~100%的任期激励收入并延期支付绩效年薪，终止尚未行使的其他中长期激励权益、上缴责任认定年度（含）前三年的全部中长期激励收益、五年内不得参加企业新的中长期激励。

第三十三条 中央企业所属子企业发生资产损失，按照本办法应当追究中央企业有关人员责任时，对相关责任人给予通报批评、诫勉、停职、调离工作岗位、降职、改任非领导职务、责令辞职、免职和禁入限制等处理，同时按照以下标准扣减薪酬：扣减和追索责任认定年度30% ~100%的绩效年薪、扣减和追索责任认定年度（含）前三年30% ~100%的任期激励收入并延期支付绩效年薪，终止尚未行使的其他中长期激励权益、上缴责任认定年度（含）前三年的全部中长期激励收益、三至五年内不得参加企业新的中长期激励。

第三十四条 对承担集体责任的中央企业有关经营决策机构，给予批评教育、责令书面检查、通报批评等处理；对造成资产损失金额巨大且危及企业生存发展的，或造成其他特别严重不良后果的，按照规定程序予以改组。

第三十五条 责任认定年度是指责任追究处理年度。有关责任人在责任追究处理年度无任职或任职不满全年的，按照最近一个完整任职年度执行；若无完整任职年度的，参照处理前实际任职月度（不超过12个月）执行。

第三十六条 对同一事件、同一责任人的薪酬扣减和追索，按照党纪处分、政务处分、责任追究等扣减薪酬处理的最高标准执行，但不合并使用。

第三十七条 相关责任人受到诫勉处理的，六个月内不得提拔、重用；受到调离工作岗位、改任非领导职务处理的，一年内不得提拔；受到降职处理的，两年内不得提拔；受到责令辞职、免职处理的，一年内不安排职务，两年内不得担任高于原任职务层级的职务；同时受到纪律处分的，按照影响期长的规定执行。

第三十八条 中央企业经营管理有关人员违规经营投资未造成资产损失，但造成其他严重不良后果的，经过查证核实和责任认定后，对相关责任人参照本办法予以处理。

第三十九条 有下列情形之一的，应当对相关责任人从重或加重处理：

（一）资产损失频繁发生、金额巨大、后果严重的。

（二）屡禁不止、顶风违规、影响恶劣的。

（三）强迫、唆使他人违规造成资产损失或其他严重不良后果的。

（四）未及时采取措施或措施不力导致资产损失或其他严重不良后果扩大的。

（五）瞒报、漏报或谎报资产损失的。

（六）拒不配合或干扰、抵制责任追究工作的。

（七）其他应当从重或加重处理的。

第四十条 对中央企业经营管理有关人员在企业改革发展中所出现的失误，不属于有令不行、有禁不止、不当谋利、主观故意、独断专行等的，根据有关规定和程序予以容错。有下列情形之一的，可以对违规经营投资相关责任人从轻或减轻处理：

（一）情节轻微的。

（二）以促进企业改革发展稳定或履行企业经济责任、政治责任、社会责任为目标，且个人没有谋取私利的。

（三）党和国家方针政策、党章党规党纪、国家法律法规、地方性法规和规章等没有明确限制或禁止的。

（四）处置突发事件或紧急情况下，个人或少数人决策，事后及时履行报告程序并得到追认，且不存在故意或重大过失的。

（五）及时采取有效措施减少、挽回资产损失并消除不良影响的。

（六）主动反映资产损失情况，积极配合责任追究工作的，或主动检举其他造成资产损失相关人员，查证属实的。

（七）其他可以从轻或减轻处理的。

第四十一条 对于违规经营投资有关责任人应当给予批评教育、责令书面检查、通报批评或诫勉处理，但是具有本办法第四十条规定的情形之一的，可以免除处理。

第四十二条 对违规经营投资有关责任人减轻或免除处理，须由作出处理决定的上一级企业或国资委批准。

第四十三条 相关责任人已调任、离职或退休的，应当按照本办法给予相应处理。

第四十四条 相关责任人在责任认定年度已不在本企业领取绩效年薪的，

按离职前一年度全部绩效年薪及前三年任期激励收入总和计算，参照本办法有关规定追索扣回其薪酬。

第四十五条 对违反规定，未履行或未正确履行职责造成国有资产损失或其他严重不良后果的中央企业董事、监事以及其他有关人员，依照国家法律法规、有关规章制度和本办法等对其进行相应处理。

第六章 责任追究工作职责

第四十六条 国资委和中央企业原则上按照国有资本出资关系和干部管理权限，组织开展责任追究工作。

第四十七条 国资委在责任追究工作中的主要职责：

（一）研究制定中央企业责任追究有关制度。

（二）组织开展中央企业发生的重大资产损失或产生严重不良后果的较大资产损失，以及涉及中央企业负责人的责任追究工作。

（三）认为有必要直接组织开展的中央企业及其所属子企业责任追究工作。

（四）对中央企业存在的共性问题进行专项核查。

（五）对需要中央企业整改的问题，督促企业落实有关整改工作要求。

（六）指导、监督和检查中央企业责任追究相关工作。

（七）其他有关责任追究工作。

第四十八条 国资委内设专门责任追究机构，受理有关方面按规定程序移交的中央企业及其所属子企业违规经营投资的有关问题和线索，初步核实后进行分类处置，并采取督办、联合核查、专项核查等方式组织开展有关核查工作，认定相关人员责任，研究提出处理的意见建议，督促企业整改落实。

第四十九条 中央企业在责任追究工作中的主要职责：

（一）研究制定本企业责任追究有关制度。

（二）组织开展本级企业发生的一般或较大资产损失，二级子企业发生的重大资产损失或产生严重不良后果的较大资产损失，以及涉及二级子企业负责人的责任追究工作。

（三）认为有必要直接组织开展的所属子企业责任追究工作。

（四）指导、监督和检查所属子企业责任追究相关工作。

（五）按照国资委要求组织开展有关责任追究工作。

（六）其他有关责任追究工作。

第五十条 中央企业应当明确相应的职能部门或机构，负责组织开展责任追究工作，并做好与企业纪检监察机构的协同配合。

第五十一条 中央企业应当建立责任追究工作报告制度，对较大和重大违规经营投资的问题和线索，及时向国资委书面报告，并按照有关工作要求定期报送责任追究工作开展情况。

第五十二条 中央企业未按规定和有关工作职责要求组织开展责任追究工作的，国资委依据相关规定，对有关中央企业负责人进行责任追究。

第五十三条 国资委和中央企业有关人员，对企业违规经营投资等重大违规违纪违法问题，存在应当发现而未发现或发现后敷衍不追、隐匿不报、查处不力等失职渎职行为的，严格依纪依规追究纪律责任；涉嫌犯罪的，移送国家监察机关或司法机关查处。

第七章 责任追究工作程序

第五十四条 开展中央企业责任追究工作一般应当遵循受理、初步核实、分类处置、核查、处理和整改等程序。

第五十五条 受理有关方面按规定程序移交的违规经营投资问题和线索，并进行有关证据、材料的收集、整理和分析工作。

第五十六条 国资委专门责任追究机构受理下列企业违规经营投资的问题和线索：

（一）国有资产监督管理工作中发现的。

（二）审计、巡视、纪检监察以及其他有关部门移交的。

（三）中央企业报告的。

（四）其他有关违规经营投资的问题和线索。

第五十七条 对受理的违规经营投资问题和线索，及相关证据、材料进行必要的初步核实工作。

第五十八条 初步核实的主要工作内容包括：

（一）资产损失及其他严重不良后果的情况。

（二）违规违纪违法的情况。

（三）是否属于责任追究范围。

（四）有关方面的处理建议和要求等。

第五十九条 初步核实的工作一般应于30个工作日内完成，根据工作需要可以适当延长。

第六十条 根据初步核实情况，对确有违规违纪违法事实的，按照规定的职责权限和程序进行分类处置。

第六十一条 分类处置的主要工作内容包括：

（一）属于国资委责任追究职责范围的，由国资委专门责任追究机构组织实施核查工作。

（二）属于中央企业责任追究职责范围的，移交和督促相关中央企业进行责任追究。

（三）涉及中管干部的违规经营投资问题线索，报经中央纪委国家监委同意后，按要求开展有关核查工作。

（四）属于其他有关部门责任追究职责范围的，移送有关部门。

（五）涉嫌违纪或职务违法的问题和线索，移送纪检监察机构。

（六）涉嫌犯罪的问题和线索，移送国家监察机关或司法机关。

第六十二条 国资委对违规经营投资事项及时组织开展核查工作，核实责任追究情形，确定资产损失程度，查清资产损失原因，认定相关人员责任等。

第六十三条 结合中央企业减少或挽回资产损失工作进展情况，可以适时启动责任追究工作。

第六十四条 核查工作可以采取以下工作措施核查取证：

（一）与被核查事项有关的人员谈话，形成核查谈话记录，并要求有关人员作出书面说明。

（二）查阅、复制被核查企业的有关文件、会议纪要（记录）、资料和账簿、原始凭证等相关材料。

（三）实地核查企业实物资产等。

（四）委托具有相应资质的专业机构对有关问题进行审计、评估或鉴证等。

（五）其他必要的工作措施。

第六十五条 在核查期间，对相关责任人未支付或兑现的绩效年薪、任期激励收入、中长期激励收益等均应暂停支付或兑现；对有可能影响核查工作顺利开展的相关责任人，可视情况采取停职、调离工作岗位、免职等措施。

第六十六条 在重大违规经营投资事项核查工作中，对确有工作需要的，负责核查的部门可请纪检监察机构提供必要支持。

第六十七条 核查工作一般应于6个月内完成，根据工作需要可以适当延长。

第六十八条 核查工作结束后，一般应当听取企业和相关责任人关于核查工作结果的意见，形成资产损失情况核查报告和责任认定报告。

第六十九条 国资委根据核查工作结果，按照干部管理权限和相关程序对相关责任人追究处理，形成处理决定，送达有关企业及被处理人，并对有关企业提出整改要求。

第七十条 被处理人对处理决定有异议的，可以在处理决定送达之日起15个工作日内，提出书面申诉，并提供相关证明材料。申诉期间不停止原处理决定的执行。

第七十一条 国资委或中央企业作出处理决定的，被处理人向作出该处理决定的单位申诉；中央企业所属子企业作出处理决定的，向上一级企业申诉。

第七十二条 国资委和企业应当自受理申诉之日起30个工作日内复核，作出维持、撤销或变更原处理决定的复核决定，并以适当形式告知申诉人及其所在企业。

第七十三条 中央企业应当按照整改要求，认真总结吸取教训，制定和落实整改措施，优化业务流程，完善内控体系，堵塞经营管理漏洞，建立健全防范经营投资风险的长效机制。

第七十四条 中央企业应在收到处理决定之日起60个工作日内，向国资委报送整改报告及相关材料。

第七十五条 国资委和中央企业应当按照国家有关信息公开规定，逐步向社会公开违规经营投资核查处理情况和有关整改情况等，接受社会监督。

第七十六条 积极运用信息化手段开展责任追究工作，推进相关数据信息的报送、归集、共享和综合利用，逐步建立违规经营投资损失和责任追究工作信息报送系统、中央企业禁入限制人员信息查询系统等，加大信息化手段在发现问题线索、专项核查、责任追究等方面的运用力度。

第八章　附　则

第七十七条　中央企业应根据本办法，结合本企业实际情况，细化责任追究的范围、资产损失程度划分标准等，研究制定责任追究相关制度规定，并报国资委备案。

第七十八条　各地区国有资产监督管理机构可以参照本办法，结合实际情况制定本地区责任追究相关制度规定。

第七十九条　国有参股企业责任追究工作，可参照本办法向国有参股企业股东会提请开展责任追究工作。

第八十条　对发生生产安全、环境污染责任事故和不稳定事件的，按照国家有关规定另行处理。

第八十一条　本办法由国资委负责解释。

第八十二条　本办法自2018年8月30日起施行。《中央企业资产损失责任追究暂行办法》（国资委令第20号）同时废止。

国务院国资委有关负责人就《中央企业违规经营投资责任追究实施办法（试行）》答记者问

国务院国资委7月30日发布了《中央企业违规经营投资责任追究实施办法（试行）》（以下简称《办法》）。《办法》出台后，国务院国资委有关负责人接受了记者采访。

问：请介绍下《办法》的起草背景。

答：国务院国资委成立以来，按照履行出资人职责要求，不断探索推进中央企业资产损失责任追究工作。2008年出台《中央企业资产损失责任追究暂行办法》，推动中央企业逐步开展资产损失责任追究工作，为后续制度建设积累了宝贵经验。党的十八大以来，党中央、国务院高度重视国有企业资产损失责任追究工作，十八届三中全会明确提出“强化国有企业经营投资责任追究”，《中共中央 国务院关于深化国有企业改革的指导意见》也将“严格责任追究”作为一项重要改革任务。2016 年 8 月，国务院办公厅印发《国务院办公厅关于建立国有企业违规经营投资责任追究制度的意见》，对国有企业责任追究范围、损失认定、责任认定、追究处理、组织实施等作出了框架性规定。

因此，为贯彻落实党中央国务院关于以管资本为主加强国有资产监管、有效防止国有资产流失的要求，加强和规范中央企业责任追究工作，我们通过深入调查研究和充分听取意见，起草了《办法》。经多次征求有关部门和中央企业意见并研究修改后，先后提请国务院国资委主任办公会和党委会审议通过，以国务院国资委令的形式正式公布。

问：制定《办法》的主要目的和意义是什么？

答：制定《办法》是贯彻落实习近平新时代中国特色社会主义思想和党的十九大精神，加强和改进国有资产监督工作、有效防止国有资产流失的重要举措，对于加强和规范中央企业责任追究工作，落实国有资产保值增值责任，进一步完善国有资产监督管理制度等具有重要作用。

一是加强和规范中央企业责任追究工作。党的十八大以来，国务院国资委和中央企业积极采取有效措施，防止国有资产流失，国有资产监督工作取得了积极成效，但一些企业仍存在着违规经营投资问题，其中一些问题造成了较大损失和严重不良影响，个别问题还没有及时进行追究处理。同时，央企普遍反映违规经营投资责任追究工作涉及面广、政策性强、追责难度大，在相关制度建设和实际工作中面临很多问题，急需国务院国资委制定统一的责任追究制度，规范有关标准、程序和方式等。针对上述问题，《办法》详细规定了中央企业违规经营投资责任追究的有关范围、标准、处理方式、职责和程序等，为有效开展责任追究工作提供了基本遵循，有利于进一步加强和规范中央企业责任追究工作。

二是有效防止国有资产流失。主要体现在“治标”和“治本”两个方面。一方面，动员千遍不如问责一次，严肃查处中央企业违规经营投资案件，充分发挥责任追究的警示和震慑作用；另一方面，通过严肃问责，推动企业建立健全权责清晰、约束有效的经营投资责任体系，倒逼经营管理人员正确履行职责、层层落实保值增值责任，从而从根本上防止国有资产流失。

三是加强和改进央企国有资产监督工作。违规经营投资责任追究工作处于监督工作后端，有关监督部门或机构发现的违规经营投资问题，相关责任人是否依法依规得到追究处理，关系整个监督工作的实际成效。《办法》从操作层面细化这项工作的相关内容，有利于强化与其他监督力量的协同，形成有效的监督工作闭环，打通监督链条上成果运用环节“最后一公里”，进一步加强和改进中央企业国有资产监督工作。

问：中央企业违规经营投资责任追究工作的原则和范围是什么？

答：《办法》明确了中央企业违规经营投资责任追究工作应当遵循的四项原则，它们相互衔接、有机统一。一是坚持依法依规问责。以国家法律法规为准绳，按照国有资产监管规章制度和企业内部管理规定等，严肃追究责任，实行重大决策终身问责。二是坚持客观公正定责。贯彻落实“三个区分开来”重要要求，既考虑量的标准也考虑质的不同，恰当公正地处理相关责任人。三是坚持分级分层追责。国务院国资委和中央企业原则上按照国有资本出资关系和干部管理权限，对企业不同层级经营管理人员进行追究处理。四是坚持惩治教育和制度建设相结合。加大典型案例总结和通报力度，推动中央企业不断完善规章制度，提高经营管理水平。

《办法》明确，中央企业经营管理有关人员违反国家法律法规、国有资产监管规章制度和企业内部管理规定等，未履行或未正确履行职责，造成国有资产损失或其他严重不良后果的，应当纳入违规经营投资责任追究的范围，追究相应责任。《办法》明确了集团管控、风险管理、购销管理、工程承包建设、资金管理、固定资产投资、投资并购、改组改制、境外经营投资和转让产权、上市公司股权、资产以及其他责任追究情形等11个方面72种责任追究情形。

问：中央企业违规经营投资资产损失如何认定？损失标准是什么？

答：《办法》所指的资产损失是“违规经营投资”造成的资产损失，“违规”是责任追究的前提。在此基础上，对违规经营投资造成的资产损失，经调查核实，根据司法、行政机关等依法出具的书面文件，具有相应资质的会计师事务所、资产评估机构、律师事务所、专业技术鉴定机构等专业机构出具的专项审计、评估或鉴证报告，以及企业内部证明材料等，综合研判认定资产损失金额，以及对企业、国家和社会等造成的影响。资产损失包括直接损失和间接损失。直接损失是与相关人员行为有直接因果关系的损失金额及影响；间接损失是由相关人员行为引发或导致的，除直接损失外、能够确认计量的其他损失金额及影响。

资产损失标准是有效开展责任追究工作的重要基础。《办法》考虑中央企业规模、效益等实际情况，为贯彻落实“违规必究、从严追责”的精神，借鉴部分地方国资委、中央企业已出台的相关制度和实际做法，按照“制度面前一律平等，一把尺子量到底”的工作思路，在充分分析论证的基础上，将中央企业资产损失程度划分为：500万元以下为一般资产损失，500万元以上（含500万元）5000万元以下为较大资产损失，5000万元以上（含5000万元）为重大资产损失。

需要说明的是，《办法》所称的违规经营投资责任追究属于出资人责任追究，是出资人加强国有资产监督的重要举措，是对企业经营投资领域违规行为的责任追究，与纪律处分、刑事处罚的性质、适用范围不同，对因果关系和有关证据的要求不同，相关处理标准也不同。因此，《办法》明确规定，涉及违纪违法和犯罪行为查处的损失标准，遵照相关党内法规和国家法律法规执行。

问：违规经营投资责任是如何划分的？

答：《办法》依据《国务院办公厅关于建立国有企业违规经营投资责任追究制度的意见》有关规定，根据工作职责将违规经营投资责任划分为直接责任、主管责任和领导责任。同时，根据中央企业经营管理人员履职的实际情况，为严格界定责任，《办法》还明确规定了“企业负责人承担直接责任”“追究上级企业经营管理有关人员的责任”“瞒报、漏报或谎报重大资产损失”“未按规定和有关工作职责要求组织开展责任追究工作”和“以集体决策形式作出违规经营投资的决策或实施其他违规经营投资的行为”等5类责任认定情形。

问：对相关责任人如何进行追究处理？

答：《办法》规定在调查核实和责任认定的基础上，根据资产损失程度、问题性质等，对相关责任人进行追究处理。处理方式包括组织处理、扣减薪酬、禁入限制、纪律处分、移送国家监察机关或司法机关等。组织处理是指批评教育、责令书面检查、通报批评、诫勉、停职、调离工作岗位、降职、改任非领导职务、责令辞职、免职等。扣减薪酬是指扣减和追索绩效年薪或任期激励收入，终止或收回其他中长期激励收益，取消参加中长期激励资格等。禁入限制是指五年直至终身不得担任国有企业董事、监事、高级管理人员。纪律处分是指由相应的纪检监察机构查处。移送国家监察机关或司法机关处理是指依据国家有关法律规定，移送国家监察机关或司法机关查处。五种处理方式可以单独使用，也可以合并使用。

问：如何处理好违规经营投资责任追究与保护中央企业经营管理人员干事创业积极性的关系？

答：《办法》既强调严肃追究违规经营投资责任，又注重保护中央企业广大经营管理人员开展正常生产经营活动的积极性。《办法》认真贯彻落实“三个区分开来”重要要求、党的十九大关于建立容错纠错机制的要求和《中共中央 国务院关于营造企业家健康成长环境弘扬优秀企业家精神更好发挥企业家作用的意见》精神，把违规经营投资和正常生产经营区分开来，明确建立有关容错机制，主要体现在：一是明确了贯彻落实“三个区分开来”重要要求，保护企业经营管理有关人员干事创业积极性的有关原则；二是借鉴纪律处分、刑事处罚等关于从轻、减轻或免除处理的有关规定，进一步明确了“从轻或减轻处理”的7种情形和“免除处理”的有关内容。

问：如何组织开展中央企业违规经营投资责任追究工作？

答：《办法》明确，国务院国资委和中央企业原则上按照国有资本出资关系和干部管理权限，分级分层组织开展违规经营投资责任追究工作。国务院国资委原则上负责中央企业集团层面的责任追究工作；中央企业所属子企业层面的责任追究工作，原则上由中央企业及其所属子企业按照国有资本出资关系和干部管理权限组织开展。在认为有必要的情况下，国务院国资委直接组织开展中央企业所属子企业的责任追究工作。为使分级分层追责的要求真正落到实处，《办法》明确规定，对于中央企业未按规定和工作职责对所属子企业组织开展责任追究工作的，由国务院国资委追究相关中央企业负责人责任。

同时，《办法》还规定了开展责任追究工作应当遵循的工作程序，主要包括受理有关方面移交的违规经营投资问题和线索，对受理的问题和线索进行初步核实，按照规定的职责权限和程序进行分类处置，组织开展核查，按照干部管理权限和相关程序对相关责任人追究处理，对提出申诉的进行复核，相关企业按照有关规定要求进行整改等。

来源：新华网

[指导案例与解读]

指导案例72号《汤龙、刘新龙、马忠太、王洪刚诉新疆鄂尔多斯彦海房地产开发有限公司商品房买卖合同纠纷案》的理解与参照

——当事人协商一致终止借款合同并将借款转化为购房款的法律关系认定

最高人民法院案例指导工作办公室

2016年12月28日，最高人民法院发布了指导案例72号《汤龙、刘新龙、马忠太、王洪刚诉新疆鄂尔多斯彦海房地产开发有限公司商品房买卖合同纠纷案》。为了正确理解和准确参照适用该指导案例，现对该指导案例的推选过程、裁判要点等有关情况予以解释、论证和说明。

一、推选过程及指导意义

该案例源自最高人民法院民一庭2015年审结的一件二审案件。该案判决生效后，经合议庭推荐，民一庭指导性案例工作小组经过审核，向最高人民法院案例指导工作办公室推荐作为备选指导性案例。2016年9月7日，经研究室室务会讨论，同意作为备选指导性案例提交最高人民法院审判委员会讨论。12月6日，最高人民法院第256次民专会原则同意该案例，提出了相应的修改意见，并要求修改后送相关业务庭征求意见。案例指导工作办公室根据反馈意见

修改后，将该案例报院领导予以审核签发。12 月 28 日，最高人民法院以法〔2016〕449 号文件将该案例列在第 15 批指导案例予以发布。

该指导案例旨在明确借款合同双方当事人经协商一致，终止借款合同关系，建立商品房买卖合同关系，将借款本金及利息转化为已付购房款并经对账清算的，若无相关法律禁止情形，该商品房买卖合同具有法律效力，但对转化为已付购房款的借款本金及利息数额，人民法院应当依法进行审查，以防止违法高息合法化。该指导案例有利于正确区分民间借贷中不同的复杂情形，正确适用关于民间借贷司法解释的有关规定，对于平衡借款合同各方当事人的利益，依法公正审理类似案件具有明显的指导价值。

二、关于本案例的相关情况

司法实践中，对于当事人就同一笔款项，同时或先后签订借款合同和商品房买卖合同时，应如何确定双方当事人之间法律关系的性质及效力，存在不同认识。[①] 这其中最为核心的问题，是当事人签订商品房买卖合同的真实目的应当如何解读，而为担保借款到期得以清偿签订的商品房买卖合同，是否合法有效。为解决这一司法实践中的焦点、难点问题，《最高人民法院关于审理民间借贷案件适用法律若干问题的规定》（以下简称民间借贷司法解释）第 24 条对“当事人以签订买卖合同作为民间借贷合同的担保”情形做出了规定，认为就此类案件，应当按照民间借贷法律关系审理，这在一定程度上明确了当事人就同一款项签订借款合同和商品房买卖合同这类案件的裁判思路。但对该解释的理解和适用，仍然存在进一步解释的空间，其中最为关键的是，是否所有当事人之间既签订借款合同又商品房买卖合同的情形，均属于该条司法解释规

① 最高人民法院做出的结果“截然不同”的裁判，曾引起较大社会关注。在朱俊芳与山西嘉和泰房地产开发有限公司商品房买卖合同纠纷案中，法院认为：“借款到期，借款人不能按期偿还借款，对方当事人要求并通过履行《商品房买卖合同》取得房屋所有权，不违反《担保法》第四十条、《物权法》第一百八十六条有关‘禁止流押’的规定。”参见最高人民法院（2011）民提字第 344 号民事判决，载《最高人民法院公报》2014 年第 12 期，人民法院出版社 2014 年版，第 18～24 页。在广西嘉美房地产开发有限责任公司与杨伟鹏商品房买卖合同纠纷案中，法院认定：“双方签订《商品房买卖合同》的目的，是为了担保债务的履行，这一担保方式应当遵守物权法流质禁止原则，而双方借款合同没有约定履行期限，杨伟鹏亦没有请求嘉美公司履行债务并给予必要准备期限，因而其直接要求取得案涉房屋所有权的主张，违反了物权法的流质禁止规定，不能予以支持。”参见最高人民法院（2013）民提字第 135 号民事判决，载最高人民法院民一庭编：《民事审判指导与参考》总第 58 辑，人民法院出版社 2014 年版，第 192～205 页。这两份判决经常被学界和司法实务界作为典型案例予以讨论分析。

定的“担保”情形，从而应当认定当事人之间的法律关系性质属于民间借贷合同关系。这也正是本案例被推荐为指导案例的价值所在，该案明确了在借款合同债务到期的情况下，当事人经对账清算后签订的商品房买卖合同，不再是为担保借款合同而签订，因而不属于上述司法解释所应当适用的范畴。

此外，本案的理论价值还在于，对债务到期后当事人签订的“以物抵债”协议的性质和效力作出了表态。由于本案的商品房买卖合同，实际上是由于借款到期后，债务人无力通过现金方式偿还债权人借款，经协商双方同意以债务人所有的商品房抵顶其所欠借款的协议，因而亦可视为“以物抵债”协议的一种具体表现。而关于“以物抵债”协议的效力，在理论界和实务界也存在较大争议。归纳起来主要有三种观点，即“以物抵债”协议系“代物清偿”协议、变更债权债务关系的协议以及“新债清偿”协议。按照第一种观点，“以物抵债”协议属于“代物清偿”，是债权人受领债务人提出的他种给付以替代原给付，并使原债消灭的契约，性质上属于实践性合同或者称之为要物契约。[①] 按照此观点，“以物抵债”协议签订后，只要当事人尚未全面履行，未完成抵债物的交付受领，则该抵债协议未生效，债权人仅能以原债权债务关系向债务人提出主张。第二种观点认为，“以物抵债”协议属于当事人之间达成的债务更改或者更新的协议，在性质上属于诺成性合同，在不存在违法无效情形的前提下对当事人产生法律效力。该协议成立生效后，原债权债务关系即告消灭。[②] 在此情况下，债权人可以向债务人要求履行“以物抵债”协议，完成相应物的物权变动。第三种观点则认为，“以物抵债”协议属于“新债清偿”协议，是对债权人的额外清偿保障，新的清偿契约成立的同时，原债权债务关系并不宣告消灭，在通过履行新协议使债权得以全面实现的情况下，新旧债权债务关系得以同时消灭，而如果新的清偿协议不能得到完全履行，则债权人仍可依据原债权债务关系向债务人主张清偿。[③] 从本案的认定看，采取了上述第二种观点，即认为当事人之间达成了变更原债权债务关系的新协议，并使原债权债务关系得以消灭。当然，这一认定的基本事实是当事人通过商品房买卖合

---

① 台湾地区“民法”第319条规定：“债权人受领他种给付以代原定之给付者，其债之关系消灭。”此系关于代物清偿的规定。参见王泽鉴：《民法概要》（第二版），北京大学出版社2011年版，第237页。

② 《日本民法典》第513条（1）规定，当事人订立变更债务要素的契约时，其债务因更改而消灭。参见林诚二：《民法债编总论——体系化解说》，中国人民大学出版社2003年版，第541页。

③ 参见王泽鉴：《民法概要》（第二版），北京大学出版社2011年版，第237页。

同及其补充协议，表达了将原借款合同关系彻底转化为商品房买卖合同关系的合意。

三、裁判要点的理解与说明

该指导案例的裁判要点确认：借款合同双方当事人经协商一致，终止借款合同关系，建立商品房买卖合同关系，将借款本金及利息转化为已付购房款并经对账清算的，不属于《物权法》第一百八十六条规定禁止的情形，该商品房买卖合同的订立目的，亦不属于《最高人民法院关于审理民间借贷案件适用法律若干问题的规定》第二十四条规定的“作为民间借贷合同的担保”。在不存在《合同法》第五十二条规定情形的情况下，该商品房买卖合同具有法律效力。但对转化为已付购房款的借款本金及利息数额，人民法院应当结合借款合同等证据予以审查，以防止当事人将超出法律规定保护限额的高额利息转化为已付购房款。现围绕与该裁判要点相关的问题逐一论证和说明如下。

（一）本案《商品房买卖合同》的缔约目的

首先需要明确的是，本案作为二审案件，按照《最高人民法院关于认真学习贯彻适用〈最高人民法院关于审理民间借贷案件适用法律若干问题的规定〉的通知》规定，并不应当适用该司法解释的规定。不过，即使不考虑司法解释适用的时间维度，本案依然不应认定为应当适用该解释第24条规定的情形，这主要是由该合同的缔约目的决定的。按照司法解释的规定和起草人作出的解释，该条规定系关于让与担保的规定。债权人和债务人签订买卖合同的真实目的，是为了给民间借贷合同提供担保，而非真正实现买卖合同的目标。因此，司法解释从让与担保的从属性特点出发，规定了此种情形下应按照民间借贷法律关系审理的基本原则。①

本案的《商品房买卖合同》是在借款到期后，当事人经协商对账后签订的，双方一致同意终止借款合同关系，建立商品房买卖合同关系，并将双方之前的借款本金及利息转为购房款，由原出借人向借款人购买标的房屋。从这一合同签订背景和缔约目的看，该《商品房买卖合同》并非为双方之间借款合同的履行提供担保，而是借款合同到期后，债务人难以清偿债务时，双方协商

① 参见杜万华主编：《最高人民法院民间借贷司法解释理解与适用》，人民法院出版社2015年版，第409~433页。

通过将债务人所有的商品房出售给债权人的方式，实现双方权利义务平衡的一种交易安排，也就是通常所说的“以物抵债”。《商品房买卖合同》的内容表明，原债权人具有向原债务人购买房屋的真实意愿，原债务人亦具有向原债权人出售该房屋的真实意愿。这与上述司法解释第 24 条第 1 款规定的“当事人以签订买卖合同作为民间借贷合同的担保”的情形并不相同，这就使该解释规定在本案中适用的前提基础完全丧失了。

（二）本案《商品房买卖合同》的法律效力

民事法律关系的产生、变更、消灭，除基于法律特别规定，需要通过法律关系参与主体的意思表示一致形成。而民事交易活动过程中，当事人的意思表示发生变化的情况并不鲜见，该意思表示的变化，除为法律特别规定所禁止外，均应予以准许。因此，在认定本案《商品房买卖合同》系当事人真实意思表示的前提下，还需分析当事人的这种交易安排，是否存在违反法律、行政法规的强制性规定等无效情形，其中最为关键的是其是否属于《物权法》第 186 条规定的“流押禁止”情形。

根据《物权法》第 186 条的规定，“抵押权人在债务履行期届满前，不得与抵押人约定债务人不履行到期债务时抵押财产归债权人所有。”这一规定被称为“流押禁止”。与民间借贷司法解释第 24 条规定的情形类似，本案中并不存在抵押权的设定情形，《商品房买卖合同》亦不属于债务履行期届满前当事人作出的约定，而且根据该合同约定，原债务人负有向原债权人履行合同约定的交付房屋、办理过户登记等债务，但并没有直接约定债务到期后房屋所有权即归属于债权人，因而该条法律规定在本案的适用前提亦不存在。而且笔者认为，《物权法》第 186 条规定的“不得”应当作该约定不发生物权变动法律效力的理解，而根据《物权法》第 15 条规定确立的区分原则，是否因此而造成作出相应约定的合同本身无效，恐怕也是难以得出肯定答案的。当然，在这一问题的认识上，理论上和实践中仍存在一定争议。①

① 对于诸如类似的非典型担保的法律效力问题，从域外立法和司法实践发展变化看，基本上呈现从非法到合法的趋势。参见谢在全：《民法物权论》（下册），中国政法大学出版社 2011 年版，第 1104 ~ 1111 页。此外，从日本的立法情况看，流押禁止的适用范围仅限于民事交易，而在商事交易中并不限制商人们作出此中交易安排。《日本民法典》第 349 条规定，出质人不得以设定行为或债务清偿期前的契约，使质权人取得作为清偿的质物的所有权，或使质权人不依法律所定方法处分质物。《日本商法典》第 515 条规定，民法第 349 条的规定不适用于为担保商行为债权而设定的质权。

还需要提及的是，即使从“流押禁止”原则的出发点加以慎重考量，本案认定《商品房买卖合同》的合法有效性亦不存在障碍。“流押禁止”之法律规定，主要是考虑到民法的公平、等价有偿原则，避免债务人因经济窘迫而将价值很高的财产担保价值较小的债权，债权人乘人之危获取暴利，损害债务人或第三人的利益，因而禁止当事人在抵押权设立至债务履行期届满前，约定债权人未获清偿即取得抵押财产所有权。而为了平衡当事人之间的利益，理论上认为为双方当事人设定清算义务，可以较为公平地兼顾双方利益，也可以实现对当事人意思自治最低程度的干涉。不过，目前法律和司法解释对于此种情形下的清算义务的具体流程及内容等均没有做出规定。从本案的事实看，当事人在签订《商品房买卖合同》前，至少经过了对账的过程，虽然这与严格意义上的“清算”尚存差距，但至少避免了以事前约定确定房屋销售价格的压榨可能。从法官的自由心证上看，这一点也是具有重要价值的。

（三）已付购房款数额的审查认定

在确定双方当事人法律关系的性质为商品房买卖合同关系的情况下，本案的审理走向与通常情况下的商品房买卖合同纠纷案件相比，又存在较大不同。虽然双方当事人经对账确认了借款本息数额，并一致同意将其转变为已付购房款，但作为法官，还应当对这一商品房买卖合同关系建立前，存在借款合同关系这一特殊背景引起足够注意。通常的商品房买卖合同纠纷案件中，法官会按照真实有效的合同约定内容来认定双方的权利义务。而本案中，由于双方均认可购房款系由借款本息转来，那么就需要对借款本金和利息数额再予以审查核实。本案经审查，双方在《商品房买卖合同》中确定的借款本息数额，包含了超出司法解释规定的人民法院予以保护范围的高额利息。这部分高额利息，无论是否通过另行订立《商品房买卖合同》或者其他合同的方式，均不应获得法律的保护，否则将会使法律、司法解释确立的高息不受司法保护的基本原则受到极大冲击，从而造成当事人通过签订《商品房买卖合同》等方式，将违法高息合法化的情况出现。因此，本案对于经审查确认超出法定保护范畴的高额利息，不确认其能够转为购房款。原债权人在本案中依据《商品房买卖合同》的约定，主张其已经履行交付购房款义务，而对方没有依约履行交付房屋等合同义务构成违约，并据此请求对方支付违约金。根据《合同法》第67条的规定，“当事人互负债务，有先后履行顺序，先履行一方未履行的，后履行一方有权拒绝其履行要求。先履行一方履行债务不符合约定的，后履行一方有权拒绝其相应的履行要求。”在扣除了违法高息后，实际上原债权人作为购房者，应认为其没有依法履行支付相应购房款的义务，尚存在部分差额未支付，那么作为房屋销售方的原债务人，可以根据《合同法》的上述规定，行使先履行抗辩权，其拒绝继续履行合同义务的行为不应视为违约，而是合法行使抗辩权。因此，本案虽然就当事人之间法律关系的性质认定为商品房买卖合同关系，但却没有支持原债权人提出的违约损失赔偿请求，因为在剔除非法高息之后，原债务人的违约事实不能被认定。

四、其他相关问题的说明

需要说明的是，在参考本案的裁判要旨审理此类案件时，还需注意防范利用“以物抵债”协议进行虚假诉讼的情形。从司法实践看，存在债权人和债务人恶意串通，凭虚假的“以物抵债”协议进行诉讼，损害其他债权人合法权益的情况。这一行为也严重扰乱了诉讼秩序，损害了司法权威。人民法院在案件审理中，要按照《最高人民法院关于防范和制裁虚假诉讼的指导意见》的要求加强甄别，严格审查原债权债务关系的真实性、合法性，对于当事人通过“以物抵债”协议等恶意转移财产、规避国家政策、损害他人合法权益等虚假诉讼行为，要严格按照《民事诉讼法》和《刑法》修正案（九）等相关法律规定，追究相关人员的法律责任。

（执笔人：最高人民法院民一庭　沈丹丹

最高人民法院案例指导工作办公室　石磊）

指导案例73号《通州建总集团有限公司诉安徽天宇化工有限公司别除权纠纷案》的理解与参照

——破产程序中建设工程价款别除权的认定

最高人民法院案例指导工作办公室

2016年12月28日，最高人民法院发布了指导案例73号《通州建总集团有限公司诉安徽天宇化工有限公司别除权纠纷案》。为了正确理解和准确参照适用该指导案例，现对该指导案例的推选过程、裁判要点等有关情况予以解释、论证和说明。

一、推选过程及指导意义

该案例由安徽省滁州市中级人民法院推荐，曾被安徽省高级人民法院评为2014年十大精品案件。最高人民法院研究室在滁州中院进行案例指导工作调研座谈时研讨了该案例，座谈会由滁州中院及基层法院分管研究室工作的院领导、研究室主任及相关案例撰写人参加，并邀请了在滁全国人大代表。与会代表普遍认为该案例具有一定典型性和指导性，能弥补法律、司法解释的不足，有利于统一法律适用标准，具有良好的法律效果和社会效果。后该案例经滁州中院审判委员会和安徽省高院审判委员会讨论决定予以推荐。最高人民法院案例指导工作办公室收到该案例后，经过初审，送研究室民事处、最高人民法院民一庭征求意见，并根据反馈意见进行了修改。2016年9月7日，研究室室务会经讨论同意推荐该案例。12月6日，最高人民法院第256次民专会经过讨论，原则同意该案例作为指导性案例，并提出两点修改意见：一是认为原裁判要点述及的“合同解除之日已经超出合同约定的竣工日期”没必要写，可以删去；二是认为裁判要点需要再挖掘，本案中是作为发包人的企业破产了，加速了债权到期，根据我国《企业破产法》第18条的规定合同视为解除，所以要从视为合同解除之日作为起算点行使优先受偿权，这一点要加上。案例指导工作办公室根据民专会提出的修改意见对案例进行了修改，再送最高人民法院民一庭、民二庭征求意见，修改完成后报院领导审核后予以签发。12月28日，最高人民法院以法〔2016〕449号文件将该案例列在第15批指导案例予以发布。

该指导案例旨在明确符合我国《破产法》第18条规定的情形，建设工程施工合同视为解除的，承包人行使优先受偿权的期限应自合同解除之日起计算。按照最高人民法院全国民事审判工作会议纪要精神，因发包人的原因，合同解除或终止履行时已经超出合同约定的竣工日期的，承包人行使优先受偿权的期限自合同解除之日起计算，该指导案例再次重申了这一裁判规则，对处理企业破产案件中工程款优先受偿问题，具有较强的借鉴和指导意义。

二、关于本案例的相关情况

在阐释解读本指导案例裁判要点之前，需要梳理一下建设工程价款优先受偿权的法律性质以及与别除权的关系，具体说明如下。

（一）建设工程价款优先受偿权的性质

我国《合同法》第286条确立了承包人的建设工程价款优先受偿权制度。2002年《最高人民法院关于建设工程价款优先受偿权问题的批复》又进一步明确了建设工程优先受偿权优于抵押权和其他债权，但对于建设工程价款优先受偿权的性质，理论上一直存在着三种不同观点，即留置权说、法定抵押权说和法定优先权说。

笔者认为，该优先受偿权的性质上应属于法定优先权。首先，根据我国《物权法》规定，留置权的标的物仅限于动产，且要求留置权人实际占有该动产，一旦丧失占有，留置权也随之消灭。而建设工程价款优先受偿权的客体是建设工程，属不动产，实践中，建设工程的承包人往往并不实际占有该工程，在完成施工后，则按照合同约定将建设工程交付给发包人，承包人随即丧失对建设工程的占有。因此，建设工程款优先受偿权的性质不应认定为留置权。

其次，对于法定抵押权说，从立法背景和立法过程看，立法者在起草

《合同法》时将建设工程价款优先受偿权作为法定抵押权对待[①]；从域外立法看《德国民法典》第648条第1款[②]以及我国台湾地区“民法”第513条[③]也均将建设工程价款优先受偿权归为抵押权，但须以登记为必要的成立生效要件，但我国《合同法》所确定的建设工程价款优先受偿权，并不以登记作为必要的成立要件，在我国，不动产抵押须登记才生效，而建设工程价款优先受偿权并不满足此要件。因此，建设工程价款优先受偿权在性质上类似于法定抵押权，但并非法定抵押权。

再次，建设工程价款优先受偿权是法律直接规定的，无须双方合意，也无须承包人对建设工程进行实际占有，亦无须对不动产进行抵押登记，这种权利源自法定。因此，建设工程价款优先受偿权的性质应属法定优先权。最高人民法院（2007）执他字第11号《建设工程款优先受偿权适用法律的复函》明确建设工程款优先受偿权是一种法定优先权。

最高人民法院于2016年10月31日作出的（2016）最高法民终532号民事判决，就《大连安泰建设有限公司与大连中裕嘉合房地产开发有限公司建设工程施工合同纠纷二审案》认定建设工程优先受偿权是法律赋予建设工程施工人的法定权利，属于具有担保性质的民事财产权利。

（二）别除权概念及其案由、特征

别除权制度源自于大陆法系国家，是现代破产制度的一项重要组成部分。“它是由破产人特定财产上已存在的担保物权或法定优先权之排他性优先效力沿袭而来，并非破产法所设。别除权的名称是针对这种权利在破产程序中行使的特点而命名的”。[④] 德国、日本等国以及我国台湾地区的破产立法均规定了别除权制度。

我国2007年6月1日起施行的我国《企业破产法》虽未采用“别除权”

① 梁慧星：《合同法第二百八十六条的权利性质及其适用》，载《山西大学学报（哲学社会科学版）》2001年第3期。

② 《德国民法典》第648条第1款：建筑工作物或建筑工作物的各部分的承揽人，可以就其基于合同而发生的债权，请求给予定作人建筑地上的保全抵押权。工作尚未完成的，承揽人可以就与所提供的劳动相当的部分报酬，以及就不包含在报酬中的垫款，请求给予保全抵押权。陈卫佐译注：《德国民法典》（第2版），法律出版社2006年版，第218页。

③ 我国台湾地区“民法”第513条第1款：承揽之工作为建筑物或其他土地上之工作物，或为此等工作物之重大修缮者，承揽人得就承揽关系报酬额，对于其工作所附之定作人之不动产，请求定作人为抵押权之登记；或对于将来完成之定作人之不动产，请求预为抵押权登记。

④ 王欣新：《破产法学》，中国人民大学出版社2004年版，第285页。

的概念，但第109条规定："对破产人的特定财产享有担保权的权利人，对该特定财产享有优先受偿的权利。"该条规定的权利在破产法理论上即称之为别除权。

最高人民法院于2008年2月4日发布的法发（2008）11号《民事案件案由规定》，在与破产有关的纠纷案由中首次确定别除权纠纷案由，该案由可以清晰反映审理企业破产案件中优先受偿问题所涉及的民事法律关系的性质，而且通俗易懂。

别除权的概念是指在破产程序开始之前，就债务人的特定财产上设定了担保物权或者存在有其他特别优先权的，于债务人宣告破产后，权利人享有就该特定财产不依照破产清算程序个别优先受偿的权利。[①]"别除权"相比"有财产担保的债权"更为确切和科学。

别除权纠纷是指债权人与管理人之间因别除权的行使而引发的纠纷。

别除权具有三个特征：第一，别除权是针对破产人的特定财产行使的权利。第二，别除权是担保物权和对特定财产享有法定优先权在破产法上的转化形式。第三，别除权的行使与破产程序密切相关，别除权的行使只是表现为可不依破产财产清偿顺序优先受偿，亦即别除权人可在债权人的集体清偿程序之外个别的和排他的接受清偿，而不是在破产程序之外自由受偿。

（三）建设工程价款优先受偿权与别除权关系

我国《企业破产法》第109条规定，对破产人的特定财产享有担保权的权利人，对该特定财产享有优先受偿的权利。该条虽未明确建设工程价款享有优先受偿权，但建设工程价款优先受偿权系我国《合同法》第286条所直接规定的承包人享有优先受偿权，且2002年《最高人民法院关于建设工程价款优先受偿权问题的批复》明确了建设工程优先受偿权优于抵押权。因此，如果发包人破产，则承包人的建设工程价款优先受偿权在破产程序中承包人所行使的优先受偿权即为别除权。

破产法上的别除权，实际上是民法上担保物权或对特定财产享有法定优先权在破产程序上的折射。从性质上说，别除权是破产法对民法担保物权或对特定财产享有法定优先权的承认，而非为破产法新创设的权利。故在破产程序开始之后才涉及破产法上的"别除权"的问题，别除权与破产程序开始后破产

① 景汉朝：《民事案件案由新释新解与适用指南》，人民法院出版社2013年版，第551页。

人财产的分配密不可分。别除权的行使只有在破产程序之中才能成为现实的可能。

我国《合同法》确立建设工程优先受偿权的立法目的是为了解决我国社会中日益严重的拖欠工程款问题，保护农民工这一弱势群体的之需所作出的一种价值取舍，即弱势利益优先保护。尤其在处置“烂尾楼”以及发包人破产的情况下，只有法律赋予承包人建设工程价款优先受偿权，在破产程序中该权利体现为别除权，方能彰显社会公平。

本案例在发包人进入破产程序后，就如何解决建设工程价款优先受偿权问题给出了明确的答案，具有一定的典型性。

三、裁判要点的理解与说明

该指导案例的裁判要点确认：符合我国《企业破产法》第十八条规定的情形，建设工程施工合同视为解除的，承包人行使优先受偿权的期限应自合同解除之日起计算。现围绕与该裁判要点相关的问题逐一论证和说明如下。

（一）承包人行使优先受偿权的期限

我国《合同法》第286规定承包人对建设工程价款享有优先受偿权。当债务人即发包方破产时，建设工程价款优先权即构成别除权，但这一制度对于其他债权人，特别是一般抵押权的利益产生了重要影响。

承包人的优先受偿权为法定权利，虽具有担保物权的性质，但源于债权，与担保物权和债权一样，行使均受到一定时间的限制。而我国《合同法》对此并未明确承包人行使优先权的期限。我国《海商法》和《民用航空法》对行使优先权规定了期限分别为1年和3个月。因期限的长短涉及承包人、发包人以及与建设工程有关的其他债权人的利益，故合理期限应当对这三方当事人的利益能够起到平衡的保护，期限过长虽有利于承包人，但不利于发包人和其他债权人；期限过短虽有利于发包人和其他债权人，但失去了规定此项权利的意义。2002年《最高人民法院关于建设工程价款优先受偿权问题的批复》综合考虑这三方当事人权益的保护以及承包人优先受偿权的行使期限，将建设工程优先受偿权行使期限从建设工程竣工之日或者建设工程合同约定的竣工之日起计算，将期确定为6个月是合理、适当的。

（二）承包人行使优先受偿权期限的起点

2002年《最高人民法院关于建设工程价款优先受偿权问题的批复》，对建设工程承包人行使优先权的期限作出明确规定，建设工程承包人行使优先权的期限为六个月，自建设工程竣工之日或者建设工程合同约定的竣工之日起计算。该期限的性质属除斥期间，不适用时效有关中止、中断或延长的规定。

但对于建设工程施工合同履行过程中，因发包人的原因导致承包人被迫停工，对于未完工的工程、在建工程以及中途停建的“烂尾”工程，承包人主张工程价款优先受偿权的，起算点如何确定，法律及相关司法解释，并未明确规定。根据2011年最高人民法院全国民事审判工作会议纪要精神，对因发包人的原因，合同解除或终止履行时已经超出合同约定的竣工日期的，承包人行使优先受偿权的期限自合同解除之日起计算。但该会议纪要并非正式的法律渊源，不能作为裁判文书所能引用的裁判依据。综上，如何保护承包人的合法利益，尤其是保护建筑业市场的农民工权益和利益，就成为司法实务中迫切需要解决的问题。本指导案例形式更生动、直观地说明问题，可以在审理类似案件时予以参照。

建设工程施工合同解除的法律后果是使合同关系消灭，双方基于合同发生的权利义务关系终止。根据我国《合同法》第97条规定，合同解除后，尚未履行的，终止履行；已经履行的，根据履行情况和合同性质，当事人可以要求恢复原状、采取其他补救措施，并有权要求赔偿损失。建设工程施工合同因性质决定其无法恢复原状，当事人可以要求采取其他措施给予赔偿。建设工程施工合同解除后，对承包人已完工程量所对应的工程价款应进行决算，最终确定工程价款，此时承包人行使优先受偿权的实质条件已具备，即承包人行使优先受偿权的期限自合同解除之日起计算。合同解除之日是一个确定的日期，以此作为行使优先权期限的起算点不会产生争议。确定承包人行使优先受偿权的期限自合同解除之日起计算，一方面，可以促使承包人在法定期限内积极行使权利，防止其怠于行使权利导致市场交易秩序的混乱和不定；另一方面，也有利于衡平发包人与承包人及其他利害关系人的利益。

（三）发包人破产承包人行使优先受偿权期限的起点

我国《企业破产法》第十八条规定，人民法院受理破产申请后，管理人对破产申请受理前成立而债务人和对方当事人均未履行完毕的合同有权决定解除或者继续履行，并通知对方当事人。管理人自破产申请受理之日起两个月内未通知对方当事人，或者自收到对方当事人催告之日起三十日内未答复的，视为解除合同。管理人决定继续履行合同的，对方当事人应当履行；但是，对方当事人有权要求管理人提供担保。管理人不提供担保的，视为解除合同。上述法律规定，管理人逾期通知、不答复或者不提供担保的，在法律上被认为是解除合同，发生合同解除的法律效力。

发包人即使进入破产程序，承包人对建设工程价款享有优先受偿权仍应受法律保护，对于行使优先受偿权期限的起点，根据2011年最高人民法院全国民事审判工作会议纪要精神，对因发包人的原因，导致合同解除或终止履行时已经超出合同约定的竣工日期的，承包人行使优先受偿权的期限自合同解除之日起计算。根据上述规定，符合我国《企业破产法》第十八条规定的情形，建设工程施工合同视为解除的，承包人行使优先受偿权的期限应自合同解除之日起计算。本案指导案例与2011年最高人民法院全国民事审判工作会议纪要精神相一致。

本案“在建工程”在破产中确定“别除权”尚属首次，具有一定的代表性和典型性，对处理企业破产案件中工程款别除权问题，切实保护农民工工资，具有一定借鉴和指导意义。

四、其他相关问题的说明

在参照适用本指导案例时应注意如下几个问题。

（一）建设工程价款别除权行使的客体

别除权行使的客体是破产人的特定财产。别除权的行使，仅以别除权标的为限，只以别除权标的物的价值为限。建设工程价款在债务人破产时如何行使别除权，即建设工程价款别除权的客体如何界定。因建设工程属“房地一体”，承包人行使别除权不应包括建设用地使用权价值部分。因建设工程价款包括承包人为建设工程应当支付的工作人员报酬、材料款等实际支出的费用，而建设工程所占用的建设用地使用权属发包人所享有，承包人对该建设用地使用权部分并无增值贡献。因此，建设用地使用权价值部分不能成为建设工程优先权的客体。[1]

在将建筑物价值变现时，根据“房地一体处分”原则要将建筑物和建设用地使用权一并进行处分，但在处分时应区分建设工程本身，即建筑物价值和

① 王林清、杨心忠、柳适思、赵蕾：《建设工程合同纠纷裁判思路》，法律出版社2014年版，第270～272页。

建设用地使用权的价值，建设工程价款优先权仅对建筑物的价值部分有优先受偿权，对建设用地使用权部分并不享有优先受偿权。

别除权的标的物一旦灭失而不存在，别除权即告消灭，则债权人应视为一般债权人，参加破产清算，按破产债权的清偿顺序参加破产分配，不再享有别除权。对建设工程系商品房，消费者交付购买商品房的全部或者大部分款项的，根据2002年《最高人民法院关于建设工程价款优先受偿权问题的批复》第二条规定，消费者交付购买商品房的全部或者大部分款项后，承包人就该商品房享有的工程价款优先受偿权不得对抗买受人。此时承包人就该商品房不再享有工程价款的别除权。

（二）别除权行使的程序及限制

由于别除权的行使能使债权人获得优先清偿，所以其行使应受到严格的限制，在实践中，应遵循以下程序。

（1）申报

我国《企业破产法》第48条规定，债权人应当在人民法院确定的债权申报期限内向管理人申报债权。第49条规定，债权人申报债权时，应当书面说明债权的数额和有无财产担保，并提交有关证据。第56条规定，债权人未依照本法规定申报债权的，不得依照本法规定的程序行使权利。从上述规定可以看出，别除权人亦应和其他债权人一样进行债权申报，如其未进行债权申报（包括补充申报）则其不能行使其债权，包括优先受偿权。任何债权都应经申报才可能受偿，作为优先受偿权的别除权亦应申报，否则视为放弃债权，承担弃权的法律后果。①

（2）向管理人提出别处权请求

别除权人行使别除权，应向管理人提出，因在破产宣告后，债务人的民事权利能力和民事行为能力即丧失，管理人接管破产企业，是其法定管理机构，债权人向破产企业提出别除请求，不能产生别除的法律后果。

（3）债权人会议确认或提起诉讼

债权人会议依据债权人的申报，根据法律规定别除权所应具备的条件，进行审查确认。如债权人会议对别除权不予确认，则别除权人可向受理破产申请的人民法院提起诉讼请求人民法院依法确认。

① 李国光主编：《新企业破产法疑难释解》，人民法院出版社2006年版，第307页。

（4）别除权行使的限制

我国《企业破产法》第75条第1款规定：“在重整期间，对债务人的特定财产享有的担保权暂停行使。但是，担保物有损坏或者价值明显减少的可能，足以危害担保权人权利的，担保权人可以向人民法院请求恢复行使担保权。”按照上述规定，在重整期间，对别除权的行使进行限制，也是各国重整立法中的普遍规定，因为企业面临破产危险时，其主要财产上一般都设有担保权，如允许担保权行使权利，则债务人营业所必需的财产无法继续使用，企业的生产经营就可能难以正常进行，这样重整将失去意义，债权人的整体利益也将受到损害。依据我国《企业破产法》第95、96条的规定，在债务人向人民法院提出和解申请和人民法院裁定和解之前，别除权人应暂停别除权的行使；自人民法院裁定和解之日起“对债务人的特定财产享有担保权的权利人”可以行使权利。因和解比破产清算对债权人更为有利，可以起到减少损失，对债务人可以起到预防破产发生的积极作用，在此情况下债务人可以获得一个恢复、休整的机会。

（执笔人：安徽省高级人民法院研究室　赵晓利

安徽省滁州市中级人民法院民二庭　杨达

最高人民法院案例指导工作办公室　石磊）

[地方司法业务文件与解读]

山东省高级人民法院民事审判第二庭

关于审理公司纠纷案件若干问题的解答

为进一步规范公司纠纷案件的审理，切实保护各方当事人合法权益，山东高院民事审判第二庭对审判实践中涉及公司纠纷案件存在的主要问题进行了深入调研。经全庭法官会议研究和全省商事审判疑难问题研讨会讨论，现就有关问题已达成共识，并形成解答，供全省各级人民法院在审理公司纠纷案件时参考。

一、公司设立相关法律适用问题

（一）新资本制度下债权人利益的保护问题

1. 债务人公司现有资产不足以清偿到期债务，而公司股东出资期限尚未届满，公司股东的出资义务能否加速到期？或者说“非破产情形下股东的出资义务是否加速到期”？

答：公司不能清偿到期债务而股东出资期限尚未届满，债权人起诉请求股东提前履行出资义务以清偿债务的，不予支持。理由：如果公司不能清偿单个债权人到期债权，那么其往往是资不抵债，或者明显缺乏清偿能力，或者有丧失清偿能力可能。此时按照《中华人民共和国企业破产法》第二条之规定，公司已经符合破产条件，所以更应当保障全体债权人的利益。单个的债权追及诉讼不符合《中华人民共和国企业破产法》第三十一条、第三十二条的精神。债权人应当申请债务人破产，进入破产程序后再按照《中华人民共和国企业破产法》第三十五条规定使股东出资义务加速到期，最终在真正意义上保护全体债权人利益。在类似诉讼中，法院应注意向当事人释明，如果债务人公司不能通过融资或者其股东自行提前缴纳出资以清偿债务，债权人有权申请启动破产程序。

2. 公司资本显著不足的情况下，出资期限尚未届满的股东是否对公司债务承担责任？

答：公司资本显著不足的情形是指公司章程规定的股东出资期限显著过长或者公司实有资本与其经营的性质和风险显著不适应等。一般情况下，公司债权人以公司资本显著不足为由，要求出资期限尚未届满的股东对公司债务承担责任的，不予支持，但符合《中华人民共和国公司法》第二十条第三款规定的除外。实践中，若公司已通过企业信息公示平台等方式，如实将其财产状况向债权人披露，债权人仍决定与该公司从事该交易的，即使存在公司资本显著不足的情形，亦不能以此为由要求股东对公司债务承担责任。理由：公司法人人格否认的常见表现形式包括资本显著不足、人格混同、过度控制、公司形骸化等。其中，与公司注册资本制度相关的公司法人人格否认情形，主要指“资本显著不足”。公司法人人格否认的法律依据是《中华人民共和国公司法》第二十条第三款，即公司股东滥用公司法人独立地位和股东有限责任，认缴出资数额过低，导致公司从事的商事交易规模与其法人财产明显不匹配，逃避债务，严重损害公司债权人利益，应当对公司债务承担连带责任。

3. 第三人代垫出资并协助抽逃出资的，是否承担赔偿责任？

答：第三人与股东事先约定代垫出资并协助股东抽逃出资的，构成共同侵权，依据《中华人民共和国侵权责任法》第八条之规定应当承担连带责任。理由：2013 年底修正的《中华人民共和国公司法》对公司资本制度进行了根本性的改革，故公司法司法解释进行了相应的调整。其中，《最高人民法院关于适用〈中华人民共和国公司法〉若干问题的规定（三）》原第十五条被删除，该条文内容为：“第三人代垫资金协助发起人设立公司，双方明确约定在公司验资后或者在公司成立后将该发起人的出资抽回以偿还该第三人，发起人依照前述约定抽回出资偿还第三人后又不能补足出资，相关权利人请求第三人连带承担发起人因抽回出资而产生的相应责任的，人民法院应予支持。”该条文被删除的直接原因在于新资本制度下无需验资，而该条文存在着“验资”的表述。但股东抽回出资属于侵犯公司财产权的行为，在该条文被删除后，《中华人民共和国侵权责任法》第八条（二人以上共同实施侵权行为，造成他人损害的，应当承担连带责任）仍可规制相关行为。

（二）涉及隐名出资的有关问题

4. 如何把握实际出资人与名义股东之间的股东资格确认规则？

答：实际出资人与名义股东之间股东资格的确认，应当区分公司外部和公司内部两种情形进行处理：在涉及债权人与股东、债权人与公司等外部法律关系时，应体现商法公示主义、外观主义的要求，保护善意第三人因合理信赖公司登记机关的登记事项而作出的行为的效力。坚持形式要件优于实质要件，即以工商登记材料作为确认股东资格的主要证据。在涉及股东与股东之间、股东与公司等内部法律关系时，应贯彻意思自治原则，以是否签署公司章程、是否实际出资、是否享有并行使股东权利等实质要件作为确认股东享有实际权利的主要依据。

5. 隐名出资情形下，实际出资人未履行或未完全履行出资义务时，公司债权人主张名义股东或实际出资人承担责任的，能否支持？

答：可以区分三种情形予以处理。

第一种情形：债权人不知道实际出资人的情况下，只要求名义股东承担补充赔偿责任的，应予支持。名义股东关于其仅为登记股东，并非实际出资人，不应承担责任的抗辩不能成立。名义股东向公司债权人承担补充赔偿责任后，可以根据与实际出资人之间的协议约定，要求实际出资人赔偿损失。理由：基于商事外观主义原则，名义股东应当对于公开登记的事项承担相应责任。

第二种情形：债权人知道实际出资人的情况下，债权人参照《中华人民共和国合同法》第四百零三条第二款规定选择名义股东或者实际出资人主张权利，要求名义股东或者实际出资人承担补充赔偿责任的，应予支持。理由：第一，名义股东实际上可能并无承担责任的能力，赋予债权人选择权对债权人的保护更为周全。第二，如此处理，并未实质上损害名义股东及实际出资人的利益。因为名义股东本就依法应当对外承担股东责任，而实际出资人更是出资未到位的实际责任人。即便名义股东先行对外承担了出资不足的责任，也可以再向实际出资人主张权利，实际出资人仍然是责任的最终承担者。第三，赋予债权人选择权有利于减少隐名出资行为，促进公司规范治理，维护交易安全。

第三种情形：债权人知道实际出资人的情况下，债权人将名义股东和实际出资人列为共同被告，要求名义股东和实际出资人承担连带责任的，可以根据具体案情判决双方承担连带责任。如果名义股东和实际出资人通谋不履行或不完全履行出资义务，公司债权人主张双方承担连带责任的，应予支持。理由：根据《中华人民共和国侵权责任法》第八条规定，可以认定构成共同侵权。

6. 名义股东因借款、买卖等非股权交易纠纷而成为被执行人时，名义股东债权人依据工商登记中记载的股权归属，申请对该股权强制执行。实际出资人以其实际享有股东权利，提出执行异议被驳回后，又提起案外人执行异议之诉，请求停止对该股权强制执行的，能否予以支持？

答：实际出资人要求停止执行的诉讼请求，应予支持。理由：根据《最高人民法院关于适用〈中华人民共和国公司法〉若干问题的规定（三）》第二十五条的规定，股权善意取得制度的适用主体仅限于与名义股东存在股权交易的第三人。商事外观主义原则的适用范围不包括非股权交易第三人。在外观权利与实际权利不一致的情况下，根据权利外观理论，善意第三人基于对权利外观的信赖而与名义权利人进行民事法律行为的，该民事法律行为效力受法律的优先保护。但如果名义股东债权人申请执行的是其与名义股东因借款关系等而形成的一般债权，债权人并没有与名义股东从事涉及股权交易的民事法律行为，从权利外观原则来看，此时的债权人不是基于信赖权利外观而需要保护的民事法律行为之善意第三人，故其债权请求不能受到优先于实际权利人的保护。但是，审理此类案件时，应当对实际出资人所提交的证明权利存在的证据进行严格审查，查明权利的真实性，既要防止虚假诉讼以逃避债务，也要防止侵权了实际出资人的实际权利。

二、公司治理相关法律适用问题

（一）股权转让有关问题

7. 如何认定公司章程中禁止或者严格限制股权（股份）转让条款的法律效力？

答：公司章程是一种具有契约属性的公司自治规则。公司章程不得与公司法的强制性规范及公司法的基本精神、原则相冲突，如有冲突，所制定的条款无效。

（1）有限责任公司的章程可以限制股权转让但不得禁止股权转让。理由：《中华人民共和国公司法》第七十一条第四款规定“公司章程对股权转让另有规定的，从其规定。”该项规定根据意思自治原则，赋予了公司股东自主决定股权转让事项的权利。公司章程可以约定，排除其他股东的优先购买权或者规定更为宽松的股权转让条件。关于公司章程对股权转让事项的限制比公司法规定更为严格是否合法的问题，基于有限责任公司的人合性，公司法认可根据公司利益对股东股权转让进行一定限制。但任何财产权皆具有处分权能，公司章程对股权转让的限制不得违反财产权的本质，比如，约定“股权转让应经其他所有股东同意”，则属于无效条款。

（2）股份有限公司章程不能限制或禁止股份转让。理由：关于股份有限公司的股份转让，《中华人民共和国公司法》第一百三十七条规定“股东持有的股份可以依法转让”，没有规定公司章程可以对股份转让另行规定，因此股份有限公司章程不能限制股份转让。

8. 股东与非股东第三人签订股权转让合同后，其他股东主张优先购买权的，是否影响股权转让合同的效力？

答：股东优先购买权行使与否不影响股东与非股东第三人之间转让协议的效力，但影响该协议能否实际履行。理由：第一，转让股东与非股东第三人间股权转让合同效力具有独立性，该股权转让协议是否有效应当按照协议自身的内容，根据合同法关于合同效力的规定加以认定。即便优先权股东行使了股东优先购买权，只要该协议本身符合合同法关于合同效力的规定，协议仍然有效。第二，转让股东与非股东第三人之间能否实际履行股权转让协议，取决于其他股东是否行使优先购买权。其他股东决定不行使优先购买权，则该股权转让协议可获得实际履行；其他股东决定行使优先购买权，则直接产生阻断股权转让于第三人的效力，导致该股权转让协议履行不能。第三人可以根据与转让股东之间协议的内容，追究转让股东的违约责任。第三，关于其他股东行使优先购买权的时限，根据《最高人民法院关于适用〈中华人民共和国公司法〉若干问题的规定（四）》第二十一条第一款的规定，优先权股东自知道或者应当知道行使优先购买权的同等条件之日起三十日内没有主张，或者自股权变更登记之日起超过一年的，从维护交易安全和公司稳定的原则出发，不再享有优先权。

（二）股东会决议有关问题

9. 控股股东不召开股东会即自行签署的股东会决议如何认定？

答：控股股东不召开股东会即自行签署股东会决议的行为，属于滥用资本多数决原则的行为，相应的股东会决议不符合法定的形成程序要求，应当认定决议不成立。理由：首先，股东会决议的形成有法定程序要求。根据《中华人民共和国公司法》第三十七条第二款规定，只有在股东对股东会所议事项以书面形式一致表示同意的情形下，才可以不召开股东会，直接作出决定，并由全体股东在决议文件上签名、盖章。换言之，只要股东之间对股东会所议事项存在争议，就必须依法召开股东会；不召开股东会就对应由股东会所议事项作出决定，明显违反法律规定。第二，资本多数决原则的适用并非没有边界。控股股东不召开股东会即签署股东会决议的做法，超越了资本多数决原则的合法适用范围，属于滥用资本多数决的行为。司法如果不予规制，将架空公司法对公司内部治理的制度设计。第三，应正确理解股东会设置的内在价值。股东会是股东行使股东权利的平台，股东通过行使表决权对待议事项作出自己的意思决定，众股东分散之意思决定通过表决权规则汇集形成集体意志，转化为公司意思。不通过股东会这一平台，包括控股股东在内的任何一个股东的意志均无法上升为公司意志。

（三）股东知情权有关问题

10. 股东查阅会计账簿时，是否可以一并查阅会计凭证？

答：股东对公司经营状况享有知情权，股东查阅会计账簿时，可以一并查阅会计凭证。理由：股东知情权是股东了解公司经营状况、监督管理层的重要方式，是股东行使其他股东权的重要基础。根据《中华人民共和国公司法》第三十三条的规定，根据查阅内容的不同，股东享有的知情权亦有所区别。对于章程、股东会会议记录、董事会会议决议、监事会会议决议和财务会计报告，股东不仅有权查阅，还可要求复制，且行使该权利时不负有目的说明义务。但是，对于会计账簿，股东只能查阅，不能复制，且行使该权利时必须以书面方式说明查阅目的，如公司有合理根据证明股东存在不正当目的，可能损害公司合法权益的，还可拒绝提供查阅。股东查阅会计账簿时，可以一并查阅会计凭证。根据《中华人民共和国会计法》规定，会计账簿登记必须以经过审核的会计凭证为依据。因此，会计凭证可以视为会计账簿的附件。虽然《中华人民共和国公司法》第三十三条第二款在规定股东可以查阅公司会计账簿时，对于能否一并查阅原始会计凭证未予明确。但是，基于原始会计凭证才是公司经营情况最真实的反映，如果将小股东查阅权的范围仅限于会计账簿，将难以确保通过会计账簿了解公司的真实经营情况，在会计账簿虚假记载大量存在的情况下，造成股东知情权落空。

（四）“对赌协议”有关问题

11. 如何认定“对赌协议”的效力？

答：“对赌协议”又称估值调整协议，其核心条款通常表现为，投资方与融资方约定目标公司需要在未来一定期间内实现一定业绩或达到一定条件，一旦目标公司未达到上述约定业绩或条件，则投资方有权要求融资方给付一定的现金补偿或以股权回购、转让的方式获得补偿。关于“对赌协议”的效力，因合同相对方的不同而有所区别：目标公司直接与投资方签订的“对赌协议”，因协议内容会降低公司责任能力，违背资本维持原则，进而损害公司债权人利益，故应认定无效；公司股东与投资方签订的“对赌协议”，如果系双方当事人之间的真实意思表示，且不违反法律、行政法规的效力性强制性规定，应贯彻意思自治原则，认定为有效。

（五）第三人撤销之诉有关问题

12. 公司股东对于公司债务提起第三人撤销之诉的，能否予以支持？

答：公司股东对涉及公司承担债务的判决提起第三人撤销之诉的，因其与原案的处理结果并无法律上的利害关系，并非原案的无独立请求权的第三人，应当裁定驳回起诉。理由：第三人撤销之诉是针对生效裁判提起的诉讼，一方面是给予因故未能参加诉讼而没有获得程序保障、却可能受到生效裁判拘束的第三人提供救济途径，另一方面则是防止第三人的合法权益受到他人虚假诉讼的侵害。第三人撤销之诉首先应当审查原告是否具有提起第三人撤销之诉的主体资格。有独立请求权的第三人，因其对诉讼标的具有独立的请求权，无论从实体要件还是形式要件，都比较容易审查判断。无独立请求权的第三人，应准确认定“案件处理结果同他有法律上的利害关系”。公司股东认为公司对外经营负债侵害其权益的，就内部关系而言，公司对外的经营活动一定程度上会对股东权利产生影响，这种情形下，股东与公司可依据公司管理规范寻求争议解决途径；就外部关系而言，公司对外承担责任与股东权益没有法律上的直接利害关系，即使公司因为错误生效判决造成损失，也应由公司作为适格当事人启动相关纠错程序，而非公司股东通过第三人撤销之诉直接否认公司对外经营行为并拒绝承担相应裁判结果（除非公司与案外人恶意串通损害股东权益）。“与案件处理结果有法律上的利害关系”的理解应立足于原诉审理的事实或者结果为该第三人设定了权利义务，这种影响和联系是直接而明确的，对法律上利害关系的理解不应作扩大和延伸解释。

三、公司终止相关法律适用问题

（一）公司解散有关问题

13.《中华人民共和国公司法》第一百八十二条规定，“公司经营管理发生严重困难，继续存续会使股东利益受到重大损失，通过其他途径不能解决的，持有公司全部股东表决权百分之十以上的股东，可以请求人民法院解散公司”，其中（1）“公司经营管理发生严重困难”应当如何认定？（2）“其他途径”具体包括哪些情形？

答：（1）公司经营管理发生严重困难，可以分为公司外部的经营困难和公司内部的管理困难。经营困难，即公司的生产经营状况发生严重亏损的情形；管理困难，则是指公司的股东会、董事会等公司机关处于僵持状态，有关经营决策无法作出，公司日常运作陷入停顿与瘫痪状态。判断公司的经营管理是否出现严重困难，应当从公司的股东会、董事会或执行董事及监事会或监事的运行现状进行综合分析认定，公司是否处于盈利状况并非判断公司经营管理发生严重困难的必要条件。公司经营管理发生严重困难的侧重点在于公司管理方面存有严重内部障碍，如股东会机制失灵、无法就公司的经营管理进行决策等，不应片面理解为公司资金缺乏、严重亏损等经营性困难。

（2）“其他途径”主要是指非诉方式，如自行协商、行业调解、人民调解等。从立法目的角度考虑，公司法规定“通过其他途径无法解决”限制条件的目的是为了保护公司的稳定和存续，防止中小股东滥用司法解散制度，鼓励当事人通过其他非诉讼途径解决僵局，同时也是为了使人民法院审慎适用强制解散公司的手段，但并非要求对于公司僵局的处理必须以穷尽其他救济途径为前提。

（二）公司清算有关问题

14. 债权人依据《最高人民法院关于适用〈中华人民共和国公司法〉若干问题的规定（二）》第十八条第二款规定，以公司股东怠于履行清算义务，导致公司主要财产、账册、重要文件等灭失无法进行清算为由，主张公司股东承担连带清偿责任的，如何分配举证责任？

答：一般情况下，遵循“谁主张谁举证”的举证原则，债权人能够举证证明由于清算义务人怠于履行义务，导致公司主要财产、账册、重要文件等灭失，无法进行清算的，应当支持其要求清算义务人承担连带清偿责任的诉讼请求。

但是，实践中债权人对于公司主要财产、账册、重要文件等是否灭失导致无法进行清算进行举证较为困难，由公司股东举证相对容易。从平衡双方当事人利益的角度考虑，可以先由债权人提供初步证据，例如公司被吊销营业执照多年且无人管理，人民法院已作出公司无财产可供执行的民事裁定书等，再由公司股东举证进行抗辩，例如提供公司账册，或者有证据证明公司无财产可供执行的现状并非怠于清算所致，而是在公司吊销之前已无财产等。如果公司股东无法举证公司在事实上可以进行清算，则应对公司债务承担连带清偿责任。

如果债权人未提供初步证据证明债务人公司无法进行清算，且债务人公司与股东均不到庭，人民法院对于公司股东是否应当承担责任及承担赔偿责任还是连带清偿责任无法作出判断的，可以驳回债权人的诉讼请求。同时，应当向债权人释明可以向人民法院申请对债务人进行强制清算或者破产清算。人民法院依法受理债权人的申请后，如果债务人下落不明无法提交相关材料，或者债务人的有关人员拒不向人民法院提交，或者提交的材料不真实，人民法院以无法清算或者无法依法全面清算为由裁定终结破产清算程序或者强制清算程序的，债权人可以依据人民法院作出的裁定，另行提起诉讼要求清算义务人对公司债务承担连带清偿责任。

[司法实务问题研究]

企业破产前银行提前收贷的合法性分析

纪晓东* 于 毅**

商业银行出于保障其信贷资金安全考虑，一般会在债务人破产前基于贷款合同约定通过强行扣划债务人账户存款的方式提前收回贷款。而管理人接管破产企业后，则往往又会基于企业破产法第三十一条和三十二条的规定向人民法院申请撤销前述单方扣款收贷行为。对此，审判实务中存在两种观点：（1）银行在并不明知债务人出现了破产原因的情形下，单方宣布借款提前到期和直接扣划债务人账户存款的行为有合同依据，不符合企业破产法第三十二条破产撤销权的构成要件；（2）在债务人破产之前六个月内即便是按约收回贷款，也属损害其他债权人利益的个别清偿行为，应予以撤销。笔者认为，两种观点均有失全面。为衡平金融安全与普通债权平等保护之间的冲突，从合同法及破产法不同维度分别考察该行为的效力，更为有利于司法尺度的统一。

一、银行提前收贷行为的合同法角度分析

储户与银行之间因达成储蓄合同而形成了债权、债务关系，此后储户存入银行账户款项的所有权应归属于银行。之所以如此界定主要是基于以下几方面的考虑。第一，货币是高度可替代的种类物，一经流通，原所有人则无法再行占有、使用。依据货币“所有与占有一致”这一原则，金融机构作为存款的

* 江苏省扬州市经济技术开发区人民法院。

** 江苏省扬州市中级人民法院。

占有者即为存款的所有者。现实中金融机构所持有的货币绝大部分来自存款，其盈利主要是靠存款所获的贷款利息和其他投资回报。如果存款所有权属于存户，那么商业银行未经存户许可则无权将存款用于放贷或投资，即便获得许可所获收益也应归属于存户，这有悖于社会的一般认知。第二，从我国现行法律规定可推断存款所有权属于金融机构。商业银行法第七十一条规定，商业银行破产清算时，在支付清算费用、所欠职工工资和劳动保险费用后，应当优先支付个人储蓄存款的本金和利息。这条规定明确了储户存款本息在银行破产程序中应列入破产财产，即存户不拥有所有权，否则其是可以行使取回权直接予以收回的。第三，存款所有权发生转移，风险也随之转移。当发生诸如犯罪分子私刻印章或伪造签名将存款取走或出现金融机构工作人员贪污、挪用公款等情形时，其侵害的对象是金融机构，侵害的客体是金融机构的财产所有权。如果储户对于储蓄存款享有所有权而非债权，则在此时要承担不可预见的风险，这也不符合我们的经验规则。

合同一方依据法律规定或者合同约定，在对方不履行义务或存在预期违约可能的情形下，有权主张合同加速到期，即已方不再履行义务或主张对方提前履行。相当一部分加速到期条款是通过赋予合同一方合同解除权利来实现的。对于借款合同，合同法第二百零三条规定，借款人未按照约定的借款用途使用借款的，贷款人可以停止发放借款、提前收回借款或者解除合同。因此在此类合同中，借款人违约将导致贷款合同加速到期几乎成了必备条款。故在破产前，银行在知道债务人有还贷风险的情形下，通过行使解除权宣告借款提前到期，有合同与法律依据。如前分析，储户将钱存入银行账户后，银行便成为了该储户的债务人，而当储户从银行获取贷款后，银行则成为了债权人。在借款合同被解除后，双方就互负同一类型的到期债务。银行提前收贷行为实际为合同抵销权的依法实现，理应受到合同法的保护。

二、银行提前收贷行为的破产法角度审查

企业破产法第四十条规定，债权人在破产申请受理前对债务人负有债务的，可以向管理人主张抵销。破产抵销权具有担负担保性的功能，通过行使抵销权，而无需通过破产分配程序就能优先得到清偿。如果不允许抵销，则会导致债权人自己欠破产人的债务被要求作全面清偿，与此相对，自己拥有的债权却只能按比例分配。相同的当事人之间的债权却处于不平等的受偿地位，有违

公平原则。所以破产抵销权与破产别除权非常相似，其性质应为一类法定权利：破产债权人在破产宣告前对破产人负有债务的，无论是否已到清偿期限，无论债务标的、给付种类、品质是否相同，均可在破产分配完成之前相互抵销。在债务人破产之后，未到期的债权加速到期。即便银行未提前收贷，在破产受理之时，其借款即已到期，亦可行使相应的抵销。在此情形下，银行提前收贷并不会致使其他债权人清偿受损，故也不应对其效力作出否定性评价，甚至于银行是否知道债务人是否已构成破产原因均不应作为评价的条件。

此外，依企业破产法第三十二条的规定，对偏袒性清偿行为的撤销须满足以下几个实体性要件：一是债务人已经具备破产原因；二是在人民法院受理破产申请前六个月内债务人清偿债务；三是非个别清偿不得撤销；四是受益性清偿不得撤销。依反对解释，管理人只能撤销债务人的个别清偿行为，非其个别主动清偿行为不得撤销。而银行提前收贷行为具有债权人主动救济的性质，并非是债务人偏颇性清偿范畴，故也不应属可撤销之列。

破产法上的权利和合同法上的权利具有同源性，从两者中任一角度考量，银行提前收贷行为均具有合法性。因此不能以保护普通债权人平等受偿之名限制银行合同权利的依法行使，否则会陷入权利保护失衡的境地，这也不符合破产法应有的宗旨。

[新类型疑难案例选评]

应某通诉纽海电子商务（上海）有限公司网络购物合同纠纷管辖权异议案

陈雯雯*

【裁判要旨】

消费者、经营者、网络交易平台提供者之间存在各自独立的不同法律关系，但三者因网络购物引发的纠纷一般可以在一案中合并诉讼，且应当按《最高人民法院关于适用〈中华人民共和国民事诉讼法〉的解释》第二十条规定确定管辖权，而不受网络交易平台提供者和用户之间的服务协议中关于管辖条款的约束。

【基本案情】

原告应某通诉称：2016年6月30日，其从纽海电子商务（上海）有限公司（以下简称纽海公司）的1号店购买了由油联（北京）石油化工有限公司（以下简称油联公司）与海南新生信息技术有限公司（以下简称新生公司）共同合作出售的油联易卡储油宝商品。该商品宣称可以锁定油价，低油价时购入，高油价时使用商品可以低买高卖。但自2016年8月开始，油联公司便以数据升级为由停止返现服务，导致应某通剩余的11678.41元商品无法兑现。

* 作者单位：浙江省宁波市鄞州区人民法院。

应某通于2016年8月中旬投诉至纽海公司与新生公司，要求两公司处理并先行垫付退款金额，但纽海公司以应某通提供的数据无法有效核实为由拒绝处理，新生公司以其自2016年3月20日开始已不与油联公司合作为由拒绝处理。故应某通起诉要求三被告连带退还油联易卡储油宝剩余金额11678.41元，并按当时购入原价赔偿12740.08元及交通费、通信费、误工费2000元，金额共计26418.49元。

纽海公司在答辩期内对管辖权提出异议，认为：本案实际上是网络购物合同纠纷，根据《民事诉讼法》第三十四条协议管辖规定，其与应某通在《1号店用户服务协议》中第十一条约定1号店所在地上海市浦东新区人民法院为管辖法院。该条款已加粗加黑，特别提醒对方注意该条款，应某通同意该服务协议方可购物，故该协议对其和应某通均有效。而且，同一类型案件的多份民事裁定书均保护了其合法权益，认定该管辖协议有效。故本案应由上海市浦东新区人民法院管辖。

【审判】

一审认为，《1号店用户服务协议》第十一条虽然约定了“如就本协议内容或其执行发生任何争议，则双方应首先通过友好协商方式解决；协商不成的，任何一方均应向上海市浦东新区人民法院提起诉讼”，但根据协议首部“《1号店用户服务协议》是由1号店网站的用户与1号店网站的运营方，即纽海电子商务（上海）有限公司及其关联公司之间，就网站交易平台服务等相关事宜共同缔结”的说明，协议的缔约主体为1号店用户和1号店网站的运营方，协议的内容针对的是网站交易平台服务等相关权利义务。但本案并非用户因使用1号店网站交易平台服务所产生的争议，而是用户作为消费者在该平台交易过程中发生的买卖合同争议，因而不能援引该条款确定管辖。本案系网络购物合同纠纷，应适用合同纠纷的一般管辖原则，由被告住所地或者合同履行地人民法院管辖；以信息网络方式订立的买卖合同，合同对履行地没有约定，且通过信息网络交付标的，以买受人住所地为合同履行地。现原、被告间并未约定合同履行地，涉案商品系通过信息网络方式交付，故本案应以买受人即原告应某通的住所地宁波市鄞州区下应街道××村为合同履行地。因合同履行地在本院辖区，故本院对本案有管辖权。遂依照《民事诉讼法》第二十三条，

《最高人民法院关于适用〈中华人民共和国民事诉讼法〉的解释》第二十条的规定，裁定驳回被告纽海公司对本案管辖权提出的异议。

裁定送达后，纽海公司不服，提起上诉。宁波市中级人民法院审理后裁定驳回上诉，维持原裁定。

［评析］

网络交易平台提供者和用户之间服务协议中的管辖条款不能作为网络购物合同纠纷的管辖依据

本案系网络购物合同纠纷，属于典型的以信息网络方式订立的买卖合同。涉案商品通过信息网络方式交付，在无约定情况下，根据《最高人民法院关于适用〈中华人民共和国民事诉讼法〉的解释》第二十条的规定，应以买受人住所地为合同履行地。本案主要争议点在于：《1号店用户服务协议》中第十一条关于管辖的约定能否适用于本案。回答这一争议焦点需理顺三个问题：一是本案各方当事人的具体法律关系，二是本案是否可以合并诉讼，三是《1号店用户服务协议》管辖条款的效力。

一、本案各方当事人的具体法律关系

本案有三方当事人，即网络商品购买方应某通，或称消费者；网络商品出售方油联公司和新生公司，或称经营者；网络交易平台提供者（以下简称平台）纽海公司。三者之间既存在各自独立的合同法律关系，特殊情况下又可能存在平台和经营者共同侵害消费者权益的侵权法律关系。

消费者和经营者之间成立买卖合同法律关系，这一点没有异议，各地法院亦基本将此类案件定性为网络购物合同纠纷或买卖合同纠纷。同时，消费者在财产、人身权益受到损害的情况下，与经营者之间又存在合同法律关系与侵权法律关系的竞合。

消费者和经营者使用平台前，均需各自与平台建立法律关系，一般为申请账户、设置密码，并点击同意相关服务协议；平台与各平台使用者之间各自成立数个独立的包含网络服务、技术服务等综合性服务内容的服务合同法律关系，各平台使用者之间在建立买卖关系前并无任何协议和任何法律关系。平台

只是中介方，为消费者和经营者建立买卖关系提供媒介，并未直接参与买卖关系，故其不是买卖合同当事人，而是与消费者和经营者各自之间成立的数个服务合同的当事人。这从《1号店用户服务协议》篇首"《1号店用户服务协议》是由1号店网站的用户与1号店网站的运营方，即纽海电子商务（上海）有限公司及其关联公司之间，就网站交易平台服务等相关事宜共同缔结"的表述亦可看出。同时，平台在不能提供销售者或者服务者的真实名称、地址和有效联系方式，作出更有利于消费者的承诺，以及明知或者应知销售者或者服务者利用其平台侵害消费者合法权益而未采取必要措施的三种特殊情形下，又与消费者成立侵权法律关系。

故此类案件，三方当事人各自成立的亦应是三种法律关系，即：平台和消费者之间的服务合同或/和侵权（注意不是竞合），平台和经营者之间的服务合同，以及消费者和经营者之间买卖合同与侵权的竞合关系。

二、本案是否可以合并诉讼

如上述，各当事人之间的法律关系不同，那么是否可以进行诉的合并，在一个案件中合并审理？是否需要驳回原告对纽海公司的起诉？

有观点认为，消费者和经营者之间的网络购物合同纠纷存在合同之诉和侵权之诉的竞合，消费者可以择其一起诉；而"《消费者权益保护法》第四十四条规定的平台的责任是过错情形下的连带侵权责任，并非网络购物合同下的严格合同责任……在消费者选择按照网络购物合同起诉的情形，网络交易平台提供者无论如何不会承担买卖合同上的严格合同责任，因此，平台提供者不应成为网络购物合同的共同被告，即平台提供者不是网络购物合同纠纷的适格被告"①。笔者认为，这一观点并未考虑到诉的合并和共同诉讼问题，有失偏颇。

笔者认为，消费者起诉经营者和平台的案件，可以在一案中起诉，法院亦可以在一案中审理。主要理由有三个：

一是法律的直接规定。消费者在起诉经营者的同时起诉平台的主要依据在于《消费者权益保护法》第四十四条规定，即："消费者通过网络交易平台购买商品或者接受服务，其合法权益受到损害的，可以向销售者或者服务者要求

① 成文娟：《网络交易平台提供者能否成为网络购物纠纷中的适格被告——邹昌绿诉上海宝尊电子商务有限公司、浙江天猫网络有限公司网络购物合同纠纷案》，载《浙江审判》2016年第3期。

赔偿。网络交易平台提供者不能提供销售者或者服务者的真实名称、地址和有效联系方式的，消费者也可以向网络交易平台提供者要求赔偿；网络交易平台提供者作出更有利于消费者的承诺的，应当履行承诺。网络交易平台提供者赔偿后，有权向销售者或者服务者追偿。网络交易平台提供者明知或者应知销售者或者服务者利用其平台侵害消费者合法权益，未采取必要措施的，依法与该销售者或者服务者承担连带责任。”该条规定并未要求一案起诉时消费者和经营者、消费者和平台的法律关系具有同质性。事实上，我国民事诉讼实践中关于不同法律关系的主体之间可以一案诉讼的规定并不少见，最常见的如借款合同和担保合同发生纠纷成讼，债权人可以在一案中同时主张借款合同和担保合同法律关系，并根据借款合同确定管辖，实践中确定的案由一般也是借贷纠纷。另如机动车交通事故责任纠纷中，受害人与肇事司机之间存在侵权法律关系，受害人与保险公司之间存在保险法上的交强险保险金赔偿关系，肇事司机与保险公司之间存在保险合同法律关系，在先行垫付情况下对保险公司享有保险金请求权；而根据《最高人民法院关于审理道路交通事故损害赔偿案件适用法律若干问题的解释》第二十五条规定，受害人一般应当将承保交强险的保险公司列为共同被告，可以将承保商业三者险的保险公司列为共同被告。

二是主体适格属实体问题。网络交易平台提供者并非在消费者和经营者之间的纠纷中绝对不承担责任，在其不能提供销售者或者服务者的真实名称、地址和有效联系方式，作出更有利于消费者的承诺，以及明知或者应知销售者或者服务者利用其平台侵害消费者合法权益而未采取必要措施的三种情形下，应当承担责任。而是否存在上述担责情形，需经平台应诉答辩、法院实体审理方能确定，在立案或者管辖权异议这些程序性阶段无法确定。最高人民法院亦持此观点。其在（2006）民一终字第34号民事裁定书的裁判摘要中载明：“当事人以其不是适格被告为由提出管辖权异议，……不属于管辖权异议。当事人是否属于适格被告，应当经人民法院实体审理确定。”① 并以一审法院就被告主体是否适格的异议作出管辖权异议裁定，系适用法律错误为由予以撤销。假设消费者以网络购物合同纠纷为由只诉平台、平台提出管辖权异议的情形，法院难道直接裁定驳回消费者的起诉便结案？似乎应当在处理管辖问题后，经实

① 详见鸿润锦源（厦门）房地产开发有限公司与彭雄浑、鸿润集团房地产投资有限公司商品房预售合同纠纷案，载《最高人民法院公报》2006年第12期。

体审理再以被告不适格为由判决驳回消费者的诉讼请求更为妥当。此外，本案中平台亦未提出主体是否适格问题，根据“不告不理”的基本原理，法院不应在管辖权处理阶段主动审查主体问题。①

三是共同诉讼理论。根据《民事诉讼法》第五十二条“当事人一方或双方为二人以上，其诉讼标的是共同的，或者诉讼标的是同一种类，人民法院认为可以合并审理并经当事人同意的，为共同诉讼”的规定，我国民事诉讼法实务将共同诉讼分为必要共同诉讼和普通共同诉讼。在经营者和平台作为共同被告情形下，二者对诉讼标的并无不可分的共同的权利和义务，故不属于必要共同诉讼。二者的诉讼标的显然可分，虽然不是共同的，但消费者对经营者和平台的两个请求权存在事实上的牵连关系。平台在可能需要承担责任的情况下，就经营者是否违约、涉诉商品或服务是否符合约定或法定标准等法律事实，与经营有着共同的诉讼利益。如果两个案件分开诉讼，消费者先起诉经营者，那么平台在该网络购物合同纠纷中失去了对相关事实攻击、防御的机会，在前诉既判力的约束下，难以在后诉中保障自己的诉讼利益，变相丧失了程序利益；反之亦然。本案中，平台并未提出不同意在一案中审理的意见，故将其纳入普通共同诉讼②，在一案中审理较为合理。

这里有争议的是诉的合并中的管辖问题。有的观点认为，对某些特殊案件受诉法院不必对各个诉都有管辖权，而只要对其中一个诉有管辖权即可；法院在不违反专属管辖的情况下，基于牵连管辖获得对其他诉的管辖权。③ 有的观点认为，受诉法院必须对各个诉都有管辖权。④ 限于篇幅，笔者不予展开。但

---

① 这一问题在实践中存在争议，笔者也多次见到不一致的裁判。有认为主体适格属于实体问题，不应在管辖权异议阶段处理的；也有在管辖裁定中直接驳回对不适格被告的起诉的。但根据前述最高人民法院（2006）民一终字第34号民事裁定书，主体是否适格非但不应该在管辖权异议阶段审理，甚至都不能成为管辖权异议的事由。

② 纳入普通共同诉讼，可能存在诉讼标的是否是同一种类的争议。其实笔者认为这类诉讼在理论上更接近类似必要共同诉讼，但我国立法未明确规定，且本文系实务性文章，故文中观点系在现有立法框架下的折中。

③ 严仁群：《论牵连管辖》，载《中国民事诉讼法学六十年专论（2009年卷）》，厦门大学出版社2009年版，第127页。其认为，“某些情况下，各诉讼标的虽非同种类，但系基于同一基础事实或同一法律原因而产生，有更强的合并诉讼及审理的必要性和实际意义，它们应被归入普通共同诉讼之列。……原告同时起诉这两个被告本身属嘉许之事。基于同样的道理，在此情形下，要求部分被告牺牲其任意管辖利益则是合理的。……（有）实行牵连管辖的必要性和合理性。”

④ 蒲一苇、王学棉、郭小冬：《民事诉讼法教程》，清华大学出版社、北京交通大学出版社2013年版，第105页。其认为，普通共同诉讼的适用条件之一是“属于同一法院管辖”。

即便是均需有管辖权，因平台与消费者之间可能存在的侵权行为系通过信息网络发生，根据《最高人民法院关于适用〈中华人民共和国民事诉讼法〉的解释》第二十五条规定，侵权结果发生地包括被侵权人住所地。而消费者作为被侵权人，收货地往往也是其住所地，故收货地法院同时也是侵权结果发生地法院，对两诉均有管辖权。

总而言之，在平台未提出不同意一案审理，共同诉讼可以实现的情况下，应尽量一揽子解决纠纷；甚至在当事人提出异议时，亦应尽量释明，引导当事人接受合并审理的方案，而非倾向于个别诉讼。这也是民事诉讼的效率价值追求使然。

三、《1号店用户服务协议》管辖条款的效力

关于用户与纽海公司缔结的《1号店用户服务协议》中管辖条款的效力问题，实践中主要存在三种观点。一种观点认为格式条款无效，《1号店用户服务协议》管辖条款系纽海公司单方拟定，符合《最高人民法院关于适用〈中华人民共和国民事诉讼法〉的解释》第三十一条规定的情形，属无效条款，故案件应当按网络购物合同纠纷的法定管辖确定管辖权。① 第二种观点反之，认为管辖条款有效，且可以适用于消费者起诉经营者和平台的网络购物合同纠纷，均维持了下级法院将案件移送上海市浦东新区人民法院的裁定。② 第三种观点回避了管辖条款本身是否有效的问题，从《1号店用户服务协议》的约束内容角度切入，认为其系用户与平台之间针对网络交易平台服务事宜的相关权利义务进行约定，并非针对网站上的买家和卖家之间发生的买卖合同事宜，故协议中关于管辖的约定并不能适用于消费者与经营者之间的买卖合同纠纷。③

本案采第三种观点，认为《1号店用户服务协议》管辖条款并不能约束本案。一方面，从缔约主体看，《1号店用户服务协议》是由用户和纽海公司缔结，并非用户之间缔结，如用于约束用户之间的买卖合同纠纷，有违合同相对性原理。另一方面，从实质内容看，管辖条款适用前提是“就本协议内容或

---

① 例如北京市第一中级人民法院作出的（2017）京01民辖终318号民事裁定书。

② 例如（2016）川10民辖终5号、（2016）浙10民辖终9号、（2016）豫13民辖终字第157号、（2016）苏03民辖终462号民事裁定书。

③ 例如浙江省杭州市中级人民法院作出的（2016）浙01民辖终1683号民事裁定书。

其执行发生任何争议”，而协议内容主要是关于用户和平台权利义务、订单的生效和配送规则等方面的约定，是关于原告和纽海公司之间的服务合同的约定，并不包含用户之间权利义务的约定。但本案是因应某通通过纽海公司的1号店服务平台向油联公司购买油联易卡储油宝，因油联公司停止返现引起的纠纷，不属于“就本协议内容或其执行发生任何争议”，故不能适用纽海公司与应某通在涉案《1号店用户服务协议》中的管辖约定条款。

综上，虽然消费者、经营者、平台之间存在各自独立的不同法律关系，但三者因网络购物引发的纠纷一般可以在一案中合并诉讼，且应当按网络购物合同纠纷的法定管辖原则确定管辖权，而不受用户与平台之间的服务协议中关于管辖条款的约束。

[民事诉讼法司法解释理解与适用]

第二百三十八条 [修改]

当事人申请撤诉或者依法可以按撤诉处理的案件，如果当事人有违反法律的行为需要依法处理的，人民法院可以不准许撤诉或者不按撤诉处理。

法庭辩论终结后原告申请撤诉，被告不同意的，人民法院可以不予准许。

【条文主旨】

本条是关于当事人申请撤诉的规定。保留了《92年意见》第161条的规定，并增加规定了对法庭辩论终结后原告撤诉的限制。

【条文理解】

撤诉权属于当事人的处分权，但是该权利受到一定限制，即应在法律准许的范围内行使，不得违反法律，不得损害国家、集体、第三人的利益。

根据民事诉讼法第一百四十二条规定，法庭辩论终结后法院应以判决或者调解方式结案。因当事人对诉讼程序有处分权，如果被告同意原告撤诉，且不违反法律规定，法院可以准许。如被告不同意，人民法院可以不准许。

【审判实践中应注意的问题】

司法实践中，在原告证据不足情况下，法官有时会鼓励原告撤诉；原告为了避免败诉的后果，也愿意申请撤诉。根据现行法律规定，原告撤诉后其实体权利并不受影响，其仍可以搜集证据再次提起诉讼。但是被告参加诉讼的成本得不到弥补，且面临重新被起诉的风险，造成诉累。因此法院应询问被告是否同意原告撤诉，避免原告滥用权利损害被告的利益。

第二百三十九条 [新增]

人民法院准许本诉原告撤诉的，应当对反诉继续审理；被告申请撤回反诉的，人民法院应予准许。

【条文主旨】

本条是关于本诉撤诉后对反诉的影响的规定。

【条文理解】

1. 本诉原告撤诉符合法定条件

撤诉是当事人享有的一项诉讼权利，同时也是当事人行使处分权的具体表现，亦是人民法院结案的重要方式。处分权是当事人在不违反法律的强制性规定下，有权自由地处分自己的民事实体权利和诉讼权利，其包括三个方面的内容：诉讼请求的范围由当事人决定，诉讼程序的提起由当事人决定，案件的事实材料和证据材料由当事人决定。① 原告申请撤诉，处分的是诉讼权利，而非实体权利。人民法院对于当事人的权利行使应当予以充分的尊重，对于当事人符合法定条件的撤诉，人民法院应当予以准许。②

民事诉讼法没有对当事人撤诉的具体条件作出具体规定，结合司法实践，可将撤诉的条件概括为以下几方面：（1）原告申请撤回起诉，主观上必须是原告主动、自愿所为，而不能是被动、违心所致，必须基于自己真实的意思表示。任何人既不得强迫或者变相强迫原告撤回起诉，也不得说服、动员原告撤回起诉。（2）原告申请撤回起诉，必须以书面或者口头方式向受诉人民法院提出内容明确的申请。申请撤诉是当事人行使处分权对自己的诉讼权利加以处分的具体体现，故需有内容明确的意思表示，才有可能产生相应的法律效果。（3）原告申请撤回起诉的目的必须正当、合法。申请撤诉不得规避法律或者损害国家、集体利益或他人的合法权益，不得有其他违法行为。由此，原告撤回起诉的申请并不会必然地产生撤诉的效果，而需由受诉人民法院进行审查，并在此基础上裁定是否准许原告撤回起诉。（4）原告撤回起诉的申请最迟应在受诉人民法院宣告判决前提出。不论是当庭宣判，还是定期宣判，均应如此。这样既可使原告有较为充分的斟酌时间，慎重地考虑实施撤诉行为，同时又可避免因原告于宣判后再提出撤诉申请而损及受诉人民法院所作判决的严肃性和权威性。③ 对于符合上述条件的撤诉申请，人民法院审查后，没有发现存在本司法解释第二百三十八条规定情形的，应当裁定准许原告撤诉。

---

① 参见张卫平：《转换的逻辑——民事诉讼体制转型的分析》，法律出版社 2007 年版，第 298 页。

② 参见姜群、李丽峰主编：《民事诉讼程序要点精释与裁判依据》，人民法院出版社 2010 年版，第 231 页。

③ 参见姜群、李丽峰主编：《民事诉讼程序要点精释与裁判依据》，人民法院出版社 2010 年版，第 232 页。

2. 本诉撤诉不影响反诉的审理

对于当人民法院准许本诉原告撤诉后，被告所提起的反诉该如何处理，实践中存在较大争议。一种观点主张裁定驳回反诉之起诉，主要理由为：反诉是在一个已经开始的民事诉讼程序中，本诉的被告以本诉原告为被告，向受诉法院提出的与本诉在事实或者法律上有牵连关系的独立的反请求。反诉旨在抵消或吞并原告提起的本诉，使原告的诉讼目的无法实现或无法全部实现。被告在本诉审理过程中提出反诉，以便于人民法院将本诉与反诉合并审理，基于本诉与反诉的牵连性，所以当本诉原告撤诉后，反诉的对抗目的将不复存在，反诉即不再称为“反诉”，仅属于一般之诉，如此一来，再在程序上将“本诉”与“反诉”捆绑起来已毫无必要和意义，据此有人主张裁定驳回反诉原告的起诉，如果反诉原告一定要诉讼，可以重新立案。

另一种观点主张继续审理反诉，主要理由为：反诉只要具备诉成立的要件，就是一种独立的诉。反诉虽然是在本诉的诉讼程序中被告向原告提出的具有牵连关系的反请求，但是它并不因此必然地依赖本诉而存在。被告提出的反诉本身具备着起诉的要件，因此即使本诉撤回，反诉也能够独立存在，也能够作为独立的案件由法院审理裁判。在诉讼地位上，本诉原告又被称为“反诉被告”，而本诉被告又被称为“反诉原告”，这彰显了原、被告诉讼地位的平等即本诉、反诉当事人是平等的。民事诉讼法第一百四十条规定：“原告增加诉讼请求，被告提出反诉，第三人提出与本案有关的诉讼请求，可以合并审理。”由此可推出，被告提出反诉的案件，人民法院可以与本诉合并审理，也可以不合并审理，如果不合并审理，即意味着反诉可以单独审理。司法实践中，尽管撤诉是当事人的诉讼权利，但本诉原告撤诉的，反诉原告不一定会撤诉；同样，反诉原告撤回反诉的，本诉原告也不尽然会撤回本诉。此种情况下，若简单驳回本诉或反诉，案结事未了，当事人之间的矛盾依然存在，人民法院定分止争的功能没有发挥出来。因此，为了从根本上处理案件，解决纠纷，又不增加当事人的诉累，在原告撤诉的情况下，反诉应继续审理。

我们认为，根据反诉构成理论和立法精神，显然第二种观点更具合理性，更符合立法本意，也是目前司法实践的主流观点。虽然本诉与反诉两者之间具有牵连性，但是两者之间又是相互独立之诉，两者之间并不存在相互依存性，本诉与反诉具有程序上的相对性。[①] 一方面，反诉具有其自身的独立性，反诉是诉的一种，是被告提出的独立的诉讼请求，这项诉讼请求的提起同样需要被告具有提起诉讼的权利，并要按照起诉的基本要求向法院提起，反诉提起后并不因本诉的撤回而消灭，法院可就反诉继续审理。另一方面，反诉对本诉具有一定的依赖性是反诉相对独立的体现。反诉的独立性只是在一定程度上的相对独立而并非"完全独立"。反诉的启动依附于本诉，若没有本诉，则"反"字无从提起，当本诉撤回后，反诉即失去了针对性，演变成了一种特殊形式的起诉，人民法院应当继续审理。根据民事诉讼法第一百四十三条规定，原告经传票传唤，无正当理由拒不到庭的，或者未经法庭许可中途退庭的，可以按撤诉处理；被告反诉的，可以缺席判决。也就是说，在原告存在按撤诉处理的情形下，如果被告提起了反诉，人民法院应当继续审理反诉并可缺席判决。可见，本诉原告撤诉，并不影响反诉的继续审理。人民法院应对本诉部分作出裁定，准许原告撤回本诉；对于反诉部分应继续审理并依法作出裁判。

3. 被告申请撤回反诉的，人民法院应予准许

前面已述，本诉与反诉的当事人具有平等的诉讼权利，既然撤诉是原告的诉讼权利，被告当然也享有撤回反诉的权利。在原告申请撤回本诉被依法准许的情况下，被告主动撤回反诉是"应当准许"，还是"是否准许，由人民法院裁定"，即是否还需要人民法院审查被告具有不准许撤回反诉的情形？答案是否定的。本司法解释第二百三十八条规定了人民法院不予准许原告撤诉的情形，即当事人有违法行为需要依法处理的，不予准许原告撤诉。如果没有违法行为，人民法院应当依法准许其撤诉。从本条规定来看，人民法院已经准许原告撤回本诉，说明该案当事人并无违法行为，基于反诉构成理论，反诉也应当是无违法行为，因此，被告申请撤回反诉是否存在违反法行为也就无审查之必要，应当予以准许，这体现了人民法院对当事人自由处分其诉讼权利的尊重。

【审判实践中应注意的问题】

1. 本诉原告未撤诉，被告申请撤回反诉的处理

实践中，除原告申请撤诉，被告申请撤回反诉的情形外，还有本诉原告不撤诉而反诉原告撤回反诉的情形。对于被告撤回反诉的申请，人民法院不能直接准许，仍然应当按照本司法解释第二百三十八条规定审查被告撤回反诉是否

---

① 参见毕玉谦：《试论反诉制度的基本议题和调整思路》，载《法律科学》2006年第2期。

存在违法行为而不应准许撤诉的情形。如果不存在违法行为，则应当准许被告撤回反诉；如果经审查存在违法行为，则应当裁定不予准许撤诉。人民法院裁定不准撤诉的，反诉原告经传票传唤，无正当理由拒不到庭的，可以缺席判决。

2. 反诉继续审理的案号问题

法院审理案件，当事人及其律师查询案件，最主要的识别依据即为该案的案号，故我国法院的案号编制规则极为重要。司法实践中案号编制的规则主要是“四个一”的编制规则，即一个案件一个法院一个程序一个编号，具体而言，就是每一个民事案件在同一个受理的法院在一个特定的诉讼程序（一审、二审、再审）中会编制一个唯一的案号。案号一般由受理年份、受理法院简称、具体办案部门（或案件类型）、所处诉讼程序、年内编号共五个部分组成。本诉立案后，人民法院即给该案编制一个案号，因反诉并没有经过起诉程序，法院也没有对反诉编一个案号，反诉后，本诉与反诉合并审理，本诉与反诉共同使用一个案号，共同使用一个案由，双方互为原、被告，本诉与反诉在程序上相互牵连。本诉撤诉后，人民法院应当以该案号作出撤诉裁定。由于本诉的撤回不影响反诉的审理，而反诉又没有独立的案号，这要求反诉的审理仍然继续使用本诉的案号，并作出判决，不必另行更换案号。

第二百四十条［修改］

无独立请求权的第三人经人民法院传票传唤，无正当理由拒不到庭，或者未经法庭许可中途退庭的，不影响案件的审理。

【条文主旨】

本条是关于无独立请求权第三人拒不出庭或中途退庭不影响案件继续审理的规定。

【条文理解】

在民事诉讼中，经人民法院传票传唤，当事人有义务按时到庭，以保证诉讼活动及时、顺利地进行，以明确当事人的权利义务关系，保护当事人的合法权益，维护法律的严肃性和人民法院的权威。无独立请求权的第三人接到人民法院传票传唤后，应当按时出庭参加诉讼。由于无独立请求权第三人没有独立的请求权，仅是案件处理结果同其有法律上的利害关系，因此，如果无独立请求权第三人无正当理由拒不出庭或者未经法庭许可中途退庭的，不影响案件的审理。

需要注意的是，本条删除了《92年意见》第162条规定的“人民法院判决承担民事责任的无独立请求权的第三人，有权提起上诉”内容。该规定是针对无独立请求权第三人上诉权的规定。根据民事诉讼法第五十六条第二款规定，人民法院判决承担民事责任的第三人，有当事人的诉讼权利义务。据此，当人民法院判决无独立请求权第三人承担民事责任时，其享有当事人的诉讼权利义务，而根据民事诉讼法第一百六十四条规定，当事人不服一审判决或者裁定，可以在法定上诉期内上诉。可见，上诉权是当事人享有的非常重要的诉讼权利，承担民事责任的无独立请求权第三人当然也不例外。由于民事诉讼法的上述规定内容明确、具体，没有必要再另行制定司法解释予以规范。因此，《92年意见》关于无独立请求权第三人上诉权的规定与民事诉讼法的规定重复，故本条将其删除。

第二百四十一条［新增］

被告经传票传唤无正当理由拒不到庭，或者未经法庭许可中途退庭的，人民法院应当按期开庭或者继续开庭审理，对到庭的当事人诉讼请求、双方的诉辩理由以及已经提交的证据及其他诉讼材料进行审理后，可以依法缺席判决。

【条文主旨】

本条是关于当事人缺席的案件如何审理的规定。

【条文理解】

1. 缺席判决的适用情形

缺席判决是我国民事诉讼法规定的一种重要审判形式，是人民法院对那些无故不到庭或到庭后未经法庭许可中途退庭，故意拖延诉讼，藐视国家法律，及时行使审判权的一种法律手段，也是促使案件当事人积极参加庭审，充分行使诉讼权利的重要措施。缺席判决在公平保护当事人的合法权益，保证庭审正常进行，提高审判效率和维护司法权威等方面起着重要作用。缺席判决其实是相对于双方当事人都到庭的对席判决而言的，是对对席判决的补充，缺席判决作出后，与对席判决具有同等法律效力。①

根据民事诉讼法以及相关司法解释的相关规定，缺席判决主要包含以下几

① 参见江伟主编：《民事诉讼法学》，复旦大学出版社2002年版，第348页。

种：（1）原告无故不出庭或者未经法庭许可中途退庭，被告提出反诉的；（2）被告经依法传票传唤无正当理由拒不到庭的，或未经法庭许可中途退庭的；（3）法院裁定不准撤诉，原告经传票传唤，无正当理由拒不到庭的；（4）无民事行为能力的被告的法定代理人，经传票传唤无正当理由拒不到庭的。由此可以看出，我国的缺席可以从两个方面加以把握：首先，缺席的主体为被告和被拒绝撤诉的原告；其次，缺席的形式主要指的是在庭审中的缺席，而不考虑庭审前的情况。也就是说，在我国只能是开庭审理期间的被告和被拒绝撤诉的原告没有到庭，或两者未经允许中途退庭，才按缺席判决处理，而没有明确地说明在答辩和证据交换期间原、被告是否出现的情况。

本条仅就被告缺席的案件如何审理作出规定，其他情形的缺席案件均应按照本条规定内容予以审理。

2. 缺席判决制度的两种模式

依据各国规定的不同，目前缺席判决制度主要被划分成两大模式——缺席审判主义和一方辩论主义。[①] 两者各有优势和劣势。

（1）缺席审判主义。

缺席审判主义是指原告缺席时，拟认为原告撤销诉讼，由法院判决驳回原告的诉讼请求，被告缺席时，拟认为被告自认原告的事实主张，根据原告的申请，由法院依法作出缺席判决。缺席审判主义最初产生的基础是为了推动诉讼程序的进行，有对阻碍程序进行的当事人施加一种惩罚的意味。缺席审判主义更注重的是诉讼的经济价值，而以牺牲公正性价值为代价。

（2）一方辩论主义。

一方辩论主义主要是指没有出庭的被告或者原告在答辩期或者其他期间曾向法院提交了与案件有关的事实资料，则法院必须要考虑这些书面材料，并将结合到庭一方当事人已辩论的事实、已调查的证据一同作为判决的基础，依到庭一方当事人的申请作出判决。一方辩论主义不再是对缺席一方所提交的证据等资料置之不理，直接断定其缺席的行为是对出席一方诉讼请求的自认，从而避免使缺席一方因此承担不利的诉讼后果。一方辩论主义目前被大多数国家所采用，近代的德国、日本以及我国台湾地区的缺席判决模式都采用一方辩论主义模式。

---

① 参见江平主编：《民事审判方式改革与发展》，中国法制出版社1998年版，第305页。

任何一种法律制度的建立，都反映了一定的价值取向。依据缺席判决主义，当被告缺席时，拟制为被告自认原告的诉讼主张，即便被告已经在答辩状中陈述自己的抗辩事实和理由，且完全成立，法官也不予考虑，这等于剥夺了缺席当事人的答辩权，显然与诉讼公正的要求背道而驰。同时，仅凭原告方提出的事实和主张即直接作出判决，而不对其进行必要审查，这本身就使判决缺乏公信力。而一方辩论主义在一方当事人缺席的情况下，并不直接对缺席方作出不利判决，而是对其提交的诉讼材料进行审查，并将其中主张的事实和理由视为缺席方所作陈述，通过建立这种“虚拟辩论”努力使双方当事人接近攻击和防御的平等对抗状态，以增加双方保护自我权利的诉讼机会，从而使判决结果在一定程度上获得了正当性。从这个意义上讲，一方辩论主义使判决结果更接近事实真相和公平正义，更符合现代民事诉讼理念。

（3）我国缺席判决模式的选择。

通过分析可以看出，缺席判决主义和一方辩论主义各有优劣，随着社会的发展，两种模式也在不断地融合。目前，除了日本和我国台湾地区实行典型的一方辩论主义模式外，其他国家和地区都已经不再是完全意义上的缺席判决主义或一方辩论主义了。从我国缺席判决制度的形式上看，立法理念不可避免地渗透着两大模式的内容。在我国，缺席判决是由法院决定适用的，在案件的审理中不仅要审查出席一方当事人提供的证据，对缺席一方当事人曾提交的材料也需要进行审查，甚至在特殊的情况下，由于曾经受到浓厚的职权主义的影响，法官甚至要参与到取证的环节中来，为了力求最大限度地发现案件的真实而主动调查证据。因此，我国的缺席判决基本上属于一方辩论主义，但是在程序的启动和证据的调查方面又有别于一方辩论主义，是一种较为特殊的缺席判决制度。①

3. 当事人缺席案件的审理

（1）司法实践中对证据审查的常见方式。

民事诉讼的基本法理要求所有的证据都应当在法庭上出示，由当事人进行陈述、辩论、质证，未经质证的证据不能作为法官认定事实的依据。但一方当事人缺席，给另一方当事人质证和法官认证证据都带来不便。法庭对到庭一方当事人或者缺席一方当事人提供的证据材料以及缺席一方当事人提出的答辩意

① 参见金明辉：《我国民事缺席判决制度研究》，华东政法大学2011年硕士论文，第7~8页。

见，必须明确采纳与否，而且在此基础上作出裁判，这就涉及对缺席审判的证据是进行形式审查还是实质审查的问题。司法实践中，意见并不统一。综合国内的审判实践，法官对于缺席审判中证据的审查方法大体分为以下三种：一种是形式审查，只要原告提供的证据形式要件具备，即认定其证明力，并在此基础上作出不利于被告的裁决。另一种是实质审查，对原告所举证据必须进行实质审查，全面审核原告提供的证据，有时法官还必须亲自调查取证，核实证据。还有第三种做法，根据具体案件的具体情况区分对待，由于缺席一方未能提出任何质证意见，法官只能进行形式上的审查，此时，应适当降低原告的证明标准，多数情况下，原告提供的证据只要符合证据的基本形式要件，就应当认定证据具有真实性和合法性，并结合证据的关联性和证明力大小，作出案件事实认定，即对缺席审理案件的证据应该进行一定的实质审查；而对于有些缺席审理的案件（如涉及人身关系的案件）则不能完全适用上述证据审核认定方式，必要时，应由法院依职权进行调查取证。①

我们认为，在对证据的审查认定上，缺席审理与对席审理一样，法官都应对证据的形式要件与实质要件一并进行审查判断。根据被告缺席的时间不同，可以将缺席审理分为被告不完全应诉的缺席审理和被告完全不应诉的缺席审理。前者主要指被告在收到原告起诉状副本等发诉材料后，也向法院递交书面答辩状，或者参加庭前证据交换并提出口头意见，但后来又因为案件的进展或其他原因在开庭的当日无正当理由未参加庭审，后者主要指被告收到原告的起诉状和开庭传票后，无正当理由拒绝参加诉讼，提出意见。两者在证据的审查认定上存在一定差别。

（2）被告不完全应诉时的证据审查。

被告不完全应诉表现为被告已知悉诉讼的存在，并提交了证据资料而于开庭当日缺席，在这种情形下，法庭审理如期进行。由于被告在诉讼开始之初即提交了答辩状及相关证据材料，参加了庭前的诉讼活动，此时应认为其已经实际应诉。被告开庭前提出的答辩状以及证据材料应该视为其诉讼主张，纳入法庭调查的范围，要求原告针对被告的答辩状和证据材料进行辩论，原告应当对其进行陈述、发表意见，法院可以将其作为裁判的基础。如果被告对原告在起诉状中陈述的事实在答辩状中没有否认，也没有提交反证材料，不应当简单视

① 参见李西川：《缺席审判中的认证相关问题探讨》，载中国法院网，2009年4月14日访问。

为被告对原告主张的认可；如果被告仅仅是单纯予以否定，原告须对这些事实承担举证责任；如果被告提出了积极的主张予以抗辩，被告则需要对自己的积极主张承担举证责任。庭审后，法官应当对原、被告提交的证据进行综合审查，作出缺席判决。

（3）被告完全不应诉时的证据审查。

被告已经收到了起诉状副本等发诉材料，知道了诉讼的存在，经传票传唤，不但不提交答辩状，在庭审期日也不出庭，视为被告放弃了在法庭上进行答辩、举证、质证以及辩论的权利。在这种情形下，法院应当如期审理，对出庭一方当事人提交的资料，法官应从职业道德出发，运用逻辑推理和经验法则进行全面、客观的审查。因被告缺席，无人对原告提供的证据的真实性提出异议，法官对证据的审查应当重在证据的关联性、合法性，并对证据的证明力及其大小作出判断。只要当事人提供的证据与本案有关联，且内容、形式、来源不违法，均应作为认定案件事实的依据。

此外，为确保诉讼程序的安定性，法官在审理这类案件时，不但要对原告的证据进行形式和实质的全面审查，还应放宽依职权调查取证的范围，必要时，法官可以不局限于原告的申请，对于不收集则会导致案件处理明显不公的证据启动职权主动调查收集，以利于审查核实原告所提供的证据和主张的事实，力争做到最后所认定的法律事实尽量接近于客观事实，使公正和效率都真正得到体现。

【审判实践中应注意的问题】

审判实践中，尽量避免在缺席审理的判决书中有“被告经传票传唤无正当理由未到庭，放弃质证的权利，应视为对原告起诉的认可”“因被告未到庭，放弃质证权利，法院对原告提供的证据应予以认定”等类似内容的表述。这种表述是不正确的。被告经传票传唤无正当理由未到庭，可以视为其放弃了当庭陈述、举证和质证的权利，但并不能视为其对原告的诉讼请求或主张的事实的承认，也不能视为对自己实体权利的处分，法院不能当然地据此对原告提供的证据予以认定，完全按照原告的主张来判决，仍要结合到庭当事人和双方已经提交的证据及其他诉讼材料进行审理。

第二百四十二条［保留］

一审宣判后，原审人民法院发现判决有错误，当事人在上诉期内提出上诉的，原审人民法院可以提出原判决有错误的意见，报送第二审人民法院，由第二审人民法院按照第二审程序进行审理；当事人不上诉的，按照审判监督程序处理。

【条文主旨】

本条是关于一审裁判后发现错误如何处理的规定。保留了《92 年意见》第 163 条的规定。

【条文理解】

一审判决后，原审法院即刻发现判决存在错误，存在两种解决途径：一是原审法院发现判决错误时，当事人在上诉期限内提起上诉，启动二审程序，原审法院应当提出原判决有错误的意见，报送二审法院，由二审法院在二审程序中与当事人的上诉请求一并处理。二是一审判决后，当事人并未提起上诉，一审判决生效，此时原审法院虽然发现判决有错误，但无法通过提报二审法院在二审程序中解决，只能按照审判监督程序处理。通常情况是，由原审法院以院长发现形式提交本院审判委员会讨论决定再审，纠正错误。

《最新法律文件解读》丛书

稿　约

《最新法律文件解读》是一套以为最新法律规范提供同步"解读"为主的系列丛书，分为刑事、民事、商事、行政与执行4个分册，按月出版。

本丛书以"解读"为重点，突出全、专、新、快、准等特点，通过对最新出台的法律、法规、司法解释、部门规章以及重要地方性法规进行同步动态解读，弥补了法律、法规、司法解释汇编类出版物没有同步阐释、解读内容的不足，为广大读者学习理解最新法律规范，正确贯彻执行法律文件，及时解决实践中的新情况、新问题，提供一个全方位、多层面的法律信息平台。

欢迎您向以下栏目赐稿：

【最新法律文件解读】主要是对最新颁行的法律文件进行解读，帮助司法和执法人员正确理解法律文件的立法背景、意义、重点内容、在适用中应注意的问题、与相关法律文件的衔接与互动关系等等。

【司法实务问题研究】主要刊登对司法理论、实务及司法管理工作中的热点、疑难问题进行研究及评论的文章。

【新类型疑难案例选评】主要是对司法和行政执法实践中具有典型性和代表性的疑难案例，结合具体案情以及审理或处理结果进行简练精辟的点评，解析认识问题的方法、处理问题的法律依据和在个案中的具体适用。

【法学前沿与新视点】以摘要的形式刊登相关法学理论研究的最新动态及具有代表性和典型性的前沿问题，扩展法学研究的深度和广度。

【法律适用问题解答】主要针对司法和行政执法实践中面临的新问题、热点问题、疑难问题进行简要的解答，指出涉及的法律关系，明确法律适用依据。

稿件一经刊用，即付稿酬，稿酬从优。

《刑事法律文件解读》　姜　峤　邮箱：bj85250573@126.com

《民事法律文件解读》　丁丽娜　邮箱：dlnlaw@163.com

《商事法律文件解读》　路建华　邮箱：shangshijiedu@126.com

《行政与执行法律文件解读》　张　奎　邮箱：271717306@qq.com

人民法院出版社

《最新法律文件解读》丛书编辑部